edition**blaes**

Impressum
© Dr. Uwe Niemann, 2014
www.uwe-niemann.editionblaes.de

Korrektorat, Satz und Umschlaggestaltung: Renate Blaes
www.renateblaes.de

Verlag: Edition Blaes
Am Steig 11, 86938 Schondorf
www.editionblaes.de

ISBN 978-3-942641-28-9

Uwe Niemann

Sherlock Holmes und das Rätsel der eiskalten Hand

Roman

edition**blaes**

Inhalt

Vorwort von Dr. James Watson	5
Ein ruhiger Nachmittag	8
Ein früher Gast	19
Mycroft Holmes	31
Burlington Hall	44
Der Herzog von Coventry	54
Weitere Ermittlungen	64
Ein Herrenabend	74
Die alte Königin	84
Getrennte Ermittlungen	93
Ein sonderbares Ansinnen	104
In London	124
Lestrade	138
Ungewöhnliche Methoden	148
Ein Unfall?	160
Letzte Erkenntnisse	170
Die Falle	185
Des Rätsels Lösung	196
Abschied von Burlington Hall	208
Nachwort von Dr. James Watson	217

Vorwort von Dr. James Watson

Wenn ich als alter Mann noch einmal zur Feder greife, so geschieht dies nicht aus dem sentimentalen Gefühl heraus, in schwelgerischer Erinnerung an eine glorreiche Vergangenheit einer trübsinnigen Gegenwart für Momente zu entkommen. Tatsächlich ist mein gegenwärtiges Leben, wenn man von den körperlichen Mühsalen meiner fortgeschrittenen Jahre absieht, alles in allem angenehmer und behaglicher, als ich bei meinem Schicksal erwarten konnte, obwohl über dem Ablauf der Tage im Jahreskreis die Melancholie des kommenden Abschieds liegt.

Ich bin vor drei Jahren zu Emily, der Nichte meiner verstorbenen zweiten Frau, in eine entzückende Kleinstadt im Süden unseres Landes gezogen, wo ich im Erdgeschoss eines Cottages zwei Zimmer bewohne, die frei wurden, als Emilies Söhne, zwei prächtige, wohlgeratene Burschen, ausgezogen waren. Der größere Raum liegt nach Süden und besitzt ein breites Fenster, vor das ich meinen mir so teuren Schreibtisch habe stellen lassen und durch das sogar im Winter häufig wärmendes Sonnenlicht einfällt. Die Straße am Ende des Dorfes ist nur auf der Nordseite bebaut und so geht mein Blick aus dem Fenster von den Rosenstöcken im Vorgarten über Weiden und Hecken bis zu dem geschlängelten Fluss, der sich nach wenigen Meilen mit dem Meer verbindet. Nach einigen anfänglichen Irritationen hat sich das Verhältnis zu meiner Nichte und ihrem schweigsamen Mann George sehr verbessert, denn ich habe ihnen klargemacht, dass ich nur soviel Hilfe annehmen möchte, wie ich unbedingt brauche, und durchaus in der Lage bin, ein paar Tage für mich zu sorgen, wenn es mein wechselnder Gesundheitszustand erlaubt.

Der wahre Grund für diesen Bericht, der nach menschlichem Ermessen der letzte sein dürfte, liegt in zwei Ereignissen, die, beide zugleich banal und bedrohlich, gegensätzlicher nicht hätten sein können. Beim Sortieren alter Manuskripte, von denen ich nur wenige als aufbewahrenswert erachtete und manche zum Feuertod verurteilte, stieß ich auf ein in Leinentuch gehülltes Paket von vier Heften, welche mein Tagebuch aus diesem bemerkenswerten Jahr enthielten, von dem bald die Rede sein wird. Meine Haushälterin muss sie trotz meiner gegenteiligen Anordnungen mit Sorgfalt verpackt haben, als ich meine Wohnung und meine Landarztpraxis aufgab, denn ich selbst hatte alle anderen Aufzeichnungen aus diesem Jahr vernichtet. Meine Romane und Erzählungen sind wahres Zeugnis genug für die glänzende Erscheinung meines alten Freundes Sherlock Holmes und sie sollen sein Andenken für alle Zeiten bewahren. Deshalb hoffe ich, dass nicht noch irgendwo Aufzeichnungen und aufgegebene Entwürfe aus meiner Feder existieren, die nach meinem Tod ohne mein Einverständnis von unbegabten Schreiberlingen für ihre schriftstellerischen Versuche verwendet werden können.

Der zweite Anlass, mich noch einmal mit dem *Rätsel der eiskalten Hand* zu befassen, ist wenig erfreulich und in seiner Bedeutung kaum abzuschätzen. Vor drei Wochen las ich in der Times den Nachruf auf die hochgestellte und sehr honorige Persönlichkeit, auf deren Anwesen sich der Fall vor so vielen Jahren zu großen Teilen abgespielt hatte. Einige Tage später erhielt ich den Brief eines mir unbekannten Journalisten, der mich um Auskunft über die damaligen Ereignisse bat. Wie er meine Anschrift erhalten hat, vermag ich nicht zu sagen, denn mein Name gilt in der Öffentlichkeit kaum noch etwas.

Alle Beteiligten hatten sich nach der Aufklärung des Falls, die mein Freund Sherlock so einfach wie genial zu verantworten hatte, auf absolute Verschwiegenheit geeinigt und meines Wissens dieses gegenseitige Versprechen auch nie gebrochen. Aber von denen, die damals mit den Vorgängen befasst waren, welche in die höchsten, ja allerhöchsten Kreise unseres Landes führten, lebt jetzt keiner mehr und das große Völkerringen, welches nun einige Jahre zurückliegt, lässt manche älteren Prinzipien und Verpflichtungen als nichtig erscheinen. Natürlich fürchte ich, dass irgendwelche Reporter aus Sensationslust die Tatsachen entstellen oder gar verfälschen könnten, denn das heutige Publikum ist nicht mehr so leicht wie früher zufriedenzustellen und die reine Wahrheit zählt häufig nicht mehr viel.

Deshalb befrage ich meine Erinnerung und prüfe sie anhand der Tagebuchaufzeichnungen, um der Wahrheit möglichst nahe zu kommen. Noch einmal öffne ich die Hefte mit ihrer verblassten Schrift, die ich an manchen, in Eile geschriebenen, Stellen kaum entziffern kann, und sitze wieder an dem Märztag des Jahres 1896 in der Bakerstreet 221b, wo auch dieses Abenteuer, wie so viele vorher, begann. Aus den Heften steigt jener vertraute Geruch von Kaminholz, den Ausdünstungen der Ledereinbände der Bücher und dem Rauch aus der Pfeife meines Freundes und beflügelt meine Reise in die Vergangenheit.

Ein ruhiger Nachmittag

„Mein lieber Watson", sagte Sherlock Holmes, ohne von dem merkwürdigen Blatt aufzublicken, mit dem er sich nun schon seit zwei Stunden beschäftigte, „von all Ihren löblichen Eigenschaften scheint mir Ihre Fähigkeit, in den Zeiten höchster Anspannung wie dieser absolute Ruhe zu bewahren und sich mit so prosaischen Dingen wie der gestrigen Ausgabe der Times zu beschäftigen, am bemerkenswertesten. Sicher hat Ihnen dieser Wesenszug in den kriegerischen Verwicklungen, welche Sie leider mit einer Verwundung überstanden haben, stets treue Dienste geleistet."

Ich sah von meiner Zeitung auf und wandte mich Holmes zu, der sich in die Nähe des Fensters gesetzt hatte, sodass sich seine unverkennbare Silhouette mit der kantigen Nase von dem hellen Hintergrund deutlich abhob. Mein Freund gehörte zu den wenigen beneidenswerten Personen, deren Gesichtszüge im Alter schärfer und markanter werden und jeden Anschein von Schwammigkeit vermissen lassen. Er war mit seinem geliebten, ein wenig verschlissenen Hausrock bekleidet und entließ aus seiner Pfeife Rauchwölkchen, die sich im Raum verteilten und von einem aromatisierten Tabak stammten. So früh am Nachmittag war der Geruch angenehm, konnte sich aber in der tiefen Nacht, wenn Holmes angestrengt über Stunden nachdachte, zu einem undurchdringlichen beißenden Qualm verdichten.

„Ich verstehe nicht, Holmes", erwiderte ich gereizt, da ich bei meiner Lektüre gestört wurde.

„Dazu neigen Sie gelegentlich, Watson. Die geringe Ausbeute an Sensationen und Neuigkeiten in Ihrer Gazette sollte Sie nicht täuschen. Es herrscht eine unerträgliche Anspannung in den Beziehungen der Menschen untereinander, die sich auch in diesem Raum fast mit den Händen greifen lässt, und die unsichtbaren Fäden, welche wie in einem riesigen Spinnennetz jeden mit jedem verbinden, vibrieren und zucken ohne Unterlass. Es wird etwas Ungewöhnliches passieren."

Er entließ einen Stoß von Rauch aus seiner Pfeife, um seine Aussage wie mit einem Ausrufezeichen zu unterstützen. Manche Überspanntheiten meines Freundes war ich lange gewohnt, aber seine Einschätzung der gegenwärtigen Lage schien mir einer gestörten Wahrnehmung zu entstammen. Tatsächlich war die Weltlage nach den Krisen der letzten Monate, welche unseren Kontinent an den Rand einer Katastrophe hätten bringen können, erstaunlich ruhig. Zudem lagen schöne Tage nach nasskalten Wochen hinter uns, ein Hauch von Frühling hatte sich heute zum ersten Mal über die große Stadt gelegt und die Menschen in den Straßen schienen beseelt von dem Gedanken, bald die Vermummungen, welche der Winter nun einmal mit sich bringt, wie eine lästige Haut abstreifen zu können.

Holmes machte keine Anstalten, seine Einschätzung der politischen Situation weiter zu erläutern, und so wandte ich mich wieder meiner Zeitung zu, stutzte dann aber und blickte zu ihm herüber.

„Woher wissen Sie, dass …?"

„Dass es sich um die gestrige Ausgabe handelt?"

Ich nickte.

„Nun, gestern war im Gegensatz zu heute nach längerer Zeit

wieder einmal ein regnerischer Tag, sodass Sie Ihr Exemplar, um es vor Nässe zu schützen, in die Innen- und nicht in die Außentasche ihres Reisemantels gesteckt haben, aus der Sie sie vorhin herauszogen. Zudem haben Sie zunächst die letzte Seite gelesen, was ganz ungewöhnlich wäre, wenn es sich um das heutige Exemplar mit der einzigen wichtigen Nachricht auf der ersten Seite gehandelt hätte. Den Mittelteil mit den Nachrufen haben Sie durch viermaliges Umblättern erreicht, die zu lesen Sie sicher vermieden hätten, wenn die Geehrten schon länger verblichen wären. Sie sehen, Watson, ein wenig Aufmerksamkeit, etwas logische Deduktion und einige begründete Spekulationen und schon klärt sich alles auf."

Holmes hatte recht. Ich war gestern mit dem Nachmittagszug in London angekommen, wo ich auf dem Bahnhof bei einem Zeitungsverkäufer eines der letzten Exemplare der Times erstand. Meine Arztpraxis wusste ich gut versorgt, denn der junge Kollege, der mich einige Wochen vertreten sollte, erwies sich als fähig und beliebt bei den Patienten, nachdem ich ihn eine gewisse Zeit eingearbeitet hatte. Ich hatte Urlaub dringend nötig, weil schwierige Wintermonate hinter mir lagen, eine Grippewelle hatte trotz meiner Bemühungen viele Opfer gefordert und ungewöhnlich häufige und schwierige Geburten hatten mir oft den so nötigen Nachtschlaf geraubt und mich gezwungen, im Dunkeln und bei Sturm und Regen abgelegene Weiler aufzusuchen. Zudem machten sich die Folgen der alten Kriegsverletzung bemerkbar, die mir ein Pausieren von meiner ärztlichen Tätigkeit nahelegten. Einer Erholungsreise in den Süden gegenüber war ich nicht abgeneigt, doch fand ich keinen geeigneten Begleiter, und so nahm ich dankbar Holmes telegrafische Einladung an, der meine gegenwärtige Erschöpfung erahnt zu haben schien und mir einen unbegrenzten Aufenthalt in der Bakerstreet anbot.

„Nun sehen Sie sich dieses üble Machwerk an", nahm Holmes unser Gespräch nach einer Pause wieder auf und wechselte ein wenig sprunghaft das Thema. Ich hatte mich nicht darum gekümmert, womit er sich beschäftigte, denn der Umfang seiner Kenntnisse und Interessen war gewaltig, wobei sich für den unbeteiligten Beobachter selten ein System ergab, sodass eine gewisse Unordnung und Willkür in Holmes Tagesablauf und Beschäftigungen zu herrschen schienen. Er vermochte über die Kriechspuren von Nagetieren auf dem Waldboden mit dem gleichen Ernst zu dozieren wie über Fragen mittelalterlichen Kirchenrechts, auf die er im Zusammenhang mit der Aufklärung eines äußerst seltsamen Falls von Kirchenraub gestoßen war. Mir war klar, dass sein ruheloser Geist einer ständigen wechselnden Beanspruchung bedurfte wie ein berühmter Sportler, bei dem eine Trainingspause zu einem sofortigen Schwund von Muskeln und Gelenkigkeit führt.

Holmes hatte auf seine Knie eine äußerst sorgfältig gearbeitete flache Schatulle gelegt, deren Boden mit Samt ausgelegt war und deren gläserner Deckel verschlossen werden konnte. Ich trat hinter seinen Stuhl und betrachtete den Inhalt der Schachtel. Es war ganz offensichtlich ein Papyrus, der aus mehreren handtellergroßen Teilen zusammengesetzt war, die zueinanderpassten. Er musste sehr alt sein, denn der Erhaltungszustand war schlecht und seine Ränder faserten auf und zerfielen.

„Ich bin wirklich in keiner guten geistigen Verfassung", flüsterte Holmes mehr zu sich selbst als zu mir, „ich habe zwei Stunden gebraucht, um diese lächerliche Fälschung zu enttarnen."

Er holte seine Lupe aus der Tasche seines Hausmantels und hielt sie über eine der Kanten, an der zwei Ränder der Papyrusstücke zusammenstießen.

„Natürlich war der Fälscher geschickt, er hat aus den Papyrusfetzen das Beste gemacht, was er schaffen konnte. Angeblich stammt diese Arbeit aus der 13. Dynastie. Sie wurde Lord Daglish für eine horrende Summe angeboten, der, wie Sie wissen, eine der vorzüglichsten Sammlungen dieser Artefakte in unserem Land sein eigen nennt. Doch Daglish hatte Zweifel, er überwies die Summe auf ein Treuhandkonto und bat mich um Überprüfung. Ich bin kein Ägyptologe, besitze aber, ohne mich loben zu wollen, neben einigen Spezialkenntnissen einen unbestechlichen Verstand. Sehen Sie hier, die Risskante der beiden Stücke verläuft durch die Hieroglyphen, wie es sein muss, wenn die unwillkürliche Trennung nach dem Beschriften, etwa beim Ablösen von einer Mumie, durchgeführt wurde. Aber die Fasermuster passen an der Trennlinie nicht zusammen, an keiner Stelle."

Mir war das Blatt nicht zuletzt wegen der kostbaren Schatulle als besonders wertvoll und ehrwürdig erschienen und ich teilte Holmes meine Eindrücke mit, der sie mit einem Achselzucken abtat.

„Alles reine Augenwischerei. Es ist technisch sicher anspruchsvoll", fuhr Holmes fort, „die Schriftzeichen an den Bruchkanten so geschickt fortzusetzen, wie hier geschehen, denn die faserigen Ränder lassen sich schlecht gleichmäßig bemalen. Ich glaube, dass man für diesen delikaten Teil einen kleinen Stempel benutzt hat, um den Farbauftrag zu verbessern. Denn sehen Sie hier."

Er zeigte mit der Spitze einer elfenbeinernen Pinzette, die

er zum Anfassen der Papyrusfetzen benutzt hatte, auf zwei gleiche Symbole, die wenige Zeilen untereinander standen.

„Was fällt Ihnen auf, Watson?"

„Nichts."

„Schauen Sie genau hin!"

Er vergrößerte die Hieroglyphen und ließ mich durch die Lupe blicken.

„Sehen Sie die kurze, schwache Linie unterhalb dieses Zeichens? Sie wiederholt sich dreimal und jedes Mal ist der Abstand zur Basislinie des Schriftsymbols gleich. Das kann kein Zufall sein, keine durch Unachtsamkeit verwischte Farbe. Nein, der Fälscher musste das Stempelchen tiefer eindrücken und so hat auch der Stempelrand einen feinen Abdruck hinterlassen. Nichts ist diese Fälschung wert und ich werde Lord Daglish mitteilen, dass er sein Geld zurückfordern soll. Man wird die Abfolge der Könige in der 13. Dynastie nicht ändern müssen, wie die Übersetzung des Textes zunächst nahelegte."

Er schloss die Schatulle und wandte sich mit einem Ausdruck des Abscheus, gemischt mit einem überlegenen Lächeln, von seiner Nachmittagsarbeit ab.

Es klopfte. Mrs. Hudson brachte den Fünfuhrtee und stellte das Tablett auf den Schachtisch, der zwischen Holmes und mir stand und in dessen Schublade die Figuren auf ihren Einsatz warteten. Immer noch war es dasselbe Bone-China Porzellan, das ich seit Jahren kannte und das so sorgsam gepflegt wurde, dass alle Teile nahezu unversehrt erhalten waren. Nur die Innenseiten der Tassen waren durch den Tee leicht bräunlich verfärbt. Überhaupt bin ich der Meinung, dass die alltägliche Teezeremonie in unserem Land eine der höchsten kulturellen Leistungen darstellt, die uns von vielen anderen Völkern unterscheidet und als Ausdruck unserer Zivilisation unser Imperium zusammenhält. Mögen die Römer ihr Weltreich durch Straßenbau und Gladiatorenkämpfe geschaffen haben, wir haben den Teegenuss in alle Welt gebracht und er wird unsere Macht in all den Ländern befestigen, die unter dem Schutz der Krone unserer geliebten Königin stehen. Aber ich schweife ab ...

Wir tranken schweigend Tee und genossen die frischen *Scones* mit *clotted Cream*, bis sich Holmes mir zuwandte.

„Nun Watson, wir müssen eine Beschäftigung finden, die uns bis zum Dinner, das wir sicher auswärts einnehmen wollen, angemessen beschäftigt."

Ein ironisches Lächeln zog über seine Lippen.

„Sie wissen, mein unruhiger Geist kann nicht stillstehen, ich muss die Mechanik meines Räderwerks in meinem Schädel ständig am Laufen halten."

Er tippte mit dem Kopf seiner Pfeife gegen seine Stirn.

„Ich habe Mrs. Hudson gebeten, unser bekanntes Kastenspiel vorzubereiten."

„Nein, Holmes, unmöglich", wehrte ich gereizt ab, „ich bin hergekommen, um Ruhe und Entspannung nach anstrengenden Monaten zu finden, in denen mich meine ärztliche Tätigkeit über alle Maßen beansprucht hat. Ich kann sehr gut auch einmal gar nichts tun oder denken und habe keinerlei schlechtes Gefühl oder gar Gewissen dabei."

Holmes paffte einige Wölkchen in den Raum, die zu mir wehten und sich langsam auflösten. Ich wandte mich zu ihm, um ihn um etwas Rücksicht mit seinem Pfeifenrauch zu bitten. Er sah wegen meiner Ablehnung dem Spiel gegenüber so verstimmt aus, dass ich nicht anders konnte und zustimmte.

Unser Kastenspiel war eigentlich eine läppische Angelegenheit und zweier erwachsener Männer nicht würdig. Mrs. Hudson hatte eine große Schachtel aufbewahrt, in welcher sie einen Gegenstand aus ihrem Haushalt verbarg und die Verpackung sorgfältig verschloss. Holmes und ich mussten die Schachtel untersuchen, ohne sie zu öffnen, und so erraten, welchen Gegenstand sie enthielt. Nie hatte ich dabei gewonnen, immer war Holmes auf der richtigen Spur und nur einmal war er bedrückt gewesen, als er mit dem Kasten eine Wurfprobe machte, um etwas über den Inhalt zu erfahren, und die sorgsam eingepackte Vase dabei zerbrach.

Freudig wie ein kleiner Junge sprang Holmes auf, ging zu Mrs. Hudson in die Küche und gab ihr die notwendigen Anweisungen. Ich hatte keinen Zweifel, dass alles fair ablief. Die Hauswirtin brachte nach kurzer Zeit die Pappschachtel, welche mit einem kräftigen Bindfaden verschnürt war, und stellte sie wieder auf das Schachtischchen. Nach dem Erlebnis mit der Vase vermied sie allerdings allzu zerbrechliche Stücke als Inhalt. Holmes dankte ihr und klatschte vor Freude in die Hände.

„Nun Watson, an die Arbeit. Ich lasse Ihnen wie immer den Vortritt."

Ich stand auf und umrundete den Kasten. Er war schwerer, als ich von den früheren Spielen gewohnt war, und der unbekannte Inhalt rutschte beim Schütteln kaum hin und her. Zu meiner Schande muss ich gestehen, dass ich keine Ahnung hatte, wie ich weiter vorgehen sollte, und tat nur zum Schein so, als ob ich alles intensiv musterte, um mir keine Blöße zu geben. Jetzt war Holmes an der Reihe. Er hob den Kasten an und betrachtete sehr sorgfältig die Unterseite, wobei er an einer Ecke länger verweilte und sie mit der Spitze seines langen Zeigefingers befühlte. Dann schloss er die Augen und seine Finger krochen wie die Beine einer Spinne über die Seitenflächen der Schachtel. Er nahm wieder seine Lupe in die Hand, fuhr den Bindfaden entlang und hielt am Knoten auf der Oberseite an. Mit seiner Pinzette zog er zwischen zwei engen Schlingen des Knotens ein Stückchen eines unbekannten Materials hervor, dass er mir zur Begutachtung vorlegte.

„Ein getrocknetes Getreidekorn", vermutete ich und Holmes nickte.

„Wenn man Sie bei der Hand nimmt, sind Sie zu Höchstleistungen fähig, Watson", murmelte er und setzte seine Inspektion noch einige Minuten fort, ohne etwas Wichtiges zutage zu fördern. Ich überhörte die Ironie in seiner Stimme.

„Darf ich einen Vergleich wagen, Watson?", Holmes setzte sich in seinen Sessel und versuchte, die Pfeife wieder zum Glimmen zu bringen. „Er ist zugegeben etwas weit hergeholt. Aber nehmen wir an, dieser Kasten wäre ein Patient von Ihnen, ein stummer Patient natürlich, wie würden Sie dann vorgehen?"

Ich war Holmes Gedankensprünge und Assoziationen gewohnt und überlegte nur kurz.

„Nun, Abhorchen würde nichts bringen, weil der Kasten nicht atmet, aber vielleicht Abklopfen, die Perkussion."

„Sehr gut, Watson. Gehen wir zur Tat."

Mein Freund hatte einige Zeit in einem Hospital gearbeitet, um seinen Studien, besonders der Chemie, nachzugehen, und so waren ihm ärztliche Untersuchungstechniken sicher vertraut. Er beklopfte mehrfach die Seiten des Kastens, der Schall war links und rechts gleich dumpf und nichtssagend, aber an den übrigen beiden Seitenflächen gedämpft und heller. Ich wiederholte seine Untersuchung, während er Mrs. Hudson hereinbat und ihr das benutzte Geschirr wieder mitgab.

Holmes riss einen kleinen Zettel aus einem Notizbuch und schrieb seine Vermutung auf. Ich tat es ihm gleich, vermerkte auf meinem Zettel aber nur ein großes Fragezeichen. Mein Gastgeber überließ es mir, die Kiste zu öffnen und der Inhalt stimmte zweifelsfrei mit dem Wort auf dem Zettel überein: Es handelte sich um das hölzerne Vogelhaus mit seinem Giebeldach, das auf der Bank vor dem Küchenfenster stand.

„Wie sind Sie darauf gekommen, Holmes?"

„Haben Sie die Schuhe von Mrs. Hudson angesehen? Nur deshalb habe ich sie hereingebeten."

„Nein, natürlich nicht. Was tun sie zur Sache?"

„Sie waren das letzte Glied in der Indizienkette. Die Spitze des rechten Schuhs war nass und es klebten zwei Grashalme mit Erdkrumen an ihr. Unsere liebe Wirtin muss also vor nicht allzu langer Zeit draußen gewesen sein und ihren Fuß in nasses Erdreich gesetzt haben, um an die Fensterbank zu kommen. Gut, ich gebe zu, dass ich einen kleinen Vorteil hatte, weil ich weiß, dass sie um diese Jahreszeit immer das Vogelhaus reinigt. Dann das Getreidekorn als Rest des Vogelfutters, der nasse Boden des Kastens, was darauf hindeutet, dass er irgendwo auf feuchtem Boden abgestellt wurde und schließlich die Asymmetrie des Klopfschalls, welcher vor meinem geistigen Auge die Form des Inhalts erscheinen ließ. Alles passte zusammen."

Ich schüttelte Holmes die Hand und beglückwünschte ihn ohne Neid zu seinem Erfolg, was er gelassen und ohne sichtbaren Triumph entgegennahm. Wie vielen genialen Menschen war ihm seine geistige Überlegenheit, der er vertraute und auf die er sehr viel hielt, zur Gewohnheit geworden und er hatte es nicht nötig, sie anpreisend zur Schau zur stellen, wenn er ein Spiel gewonnen hatte.

„Es ist spät geworden, Watson", bemerkte Holmes, „wir sollten uns für das Abendessen umkleiden. Ich habe die Droschke auf sieben Uhr bestellt."

Ein früher Gast

Ich kann nicht behaupten, dass meine Nächte damals in der Bakerstreet sonderlich erholsam waren. Mein altes Zimmer stand nicht mehr zur Verfügung, denn Holmes nutzte es zu mir unbekannten Zwecken. So hatte ich eine Kammer direkt neben den Räumen meines Freundes bezogen, die sehr beengt, aber dennoch zweckmäßig eingerichtet war.

Wie viele Menschen, die keinem geregelten Beruf nachgingen, hatte sich auch bei Holmes der Rhythmus des Tagesablaufs geändert und manche Tätigkeiten zogen sich bei ihm bis weit nach Mitternacht hin. Oftmals durchwachte er die Nacht, um morgens sonderbar aufgeräumt und in heiterer Stimmung zum Frühstück zu erscheinen, während er am Abend zuvor schweigsam und verstimmt schien und auf meine Fragen nur einsilbig geantwortet hatte.

Während meines damaligen Aufenthalts bei meinem Freund schlief ich selten durch, denn allerlei seltsame Geräusche aus dem Nebenzimmer weckten mich immer wieder auf, ohne dass ich sie näher zuordnen konnte. Manchmal war Holmes in Selbstgespräche vertieft, deren Inhalt ich kaum verstand und die meistens von Selbstvorwürfen handelten, die er sich machte, wenn er uralte Fälle rekapitulierte, in denen er versagt hatte. Dann schalt er sich einen Toren und schien sich mit Beschimpfungen selbst zu kasteien. Seine geliebte Violine kam häufig in der Frühe zum Einsatz und nur der Ruhm meines Freundes dürfte verhindert haben, dass sich die Nachbarn über den Lärm in der Nacht beschwerten. Dabei folgte sein musikalischer Stil nicht dem Zeitgeschmack, sondern seine Darbietungen schienen merkwürdig bruchstückhaft zu sein, Versatzstücke aus einer wüsten Harmonielehre, die für mich keinen melodischen Sinn ergaben. Ich konnte mir dieses Phänomen nur so erklären, dass sein ständig produzierender Geist ein Ventil benötigte, um die überschüssige Gedankenflut auf eine halbwegs zivile Art zu entsorgen.

An diesem denkwürdigen Morgen schlief ich nach der nächtlichen Ruhestörung länger als sonst und es war schon hell in meinem Zimmer, als ich mich erhob. Holmes hatte freundlicherweise mit dem Frühstück auf mich gewartet, der Raum war angenehm geheizt, gelüftet und aufgeräumt, sodass von dem Treiben der vergangenen Nacht nichts mehr zu ahnen war. Er hatte Mrs. Hudson in ein kurzes Gespräch verwickelt, die das Angebot zu einem der wenigen Schwätzchen gerne annahm, während sie sonst das eingespielte Räderwerk des Haushalts ohne viele Worte am Laufen hielt.

Holmes lobte die vorzügliche Zusammenstellung der Speisen, besonders die gebackenen Bohnen, und bemängelte nur die Gurkenmarmelade, deren Stücke ihm zu groß geraten schienen, was Mrs. Hudson eine gern angenommene Gelegenheit bot, über das neue schottische Dienstmädchen zu schimpfen. Man einigte sich schließlich darauf, dem armen Ding, das vom Land in diese Großstadt gekommen war, noch etwas Zeit zur Eingewöhnung zu geben.

Ich war gerade mit der Eierspeise fertig und wollte die Zeitung aufschlagen, als es an der Tür schellte. Der Zeitpunkt war für einen Besuch sehr ungewöhnlich und ich bemerkte, wie Holmes Haltung sich straffte und er aufmerksam zu lauschen schien.

„Es geht los, Watson, denken Sie an meine Worte von gestern", murmelte er und machte dann ein Handzeichen, um mir anzudeuten, dass wir schweigen sollten.

Von dem Gespräch zwischen dem Besucher und der Haushälterin, die mit einiger Verzögerung die Tür geöffnet hatte, bekamen wir nichts mit. Mrs. Hudson stieg die Treppe hinauf, klopfte und trat ein.

„Ein Herr wünscht Sie zu dieser Zeit zu sprechen", brachte sie in einem vorwurfsvollen Ton hervor und ihre Missbilligung war trotz ihrer angestrengten Atemgeräusche hörbar. Schon seit einigen Wochen bereitete ihr das Treppensteigen erhebliche Mühe. Sie hielt uns ein silbernes Tablett mit einer Visitenkarte hin, auf die mit offensichtlich erregter Hand der Name „William R. Corless, Esq." geschrieben war. Weitere Angaben zu Stand und Herkunft fehlten.

Holmes untersuchte die Karte, ohne von Mrs. Hudson Notiz zu nehmen, sodass ich unsere Haushälterin bat, dem Gentleman mitzuteilen, er solle zu einem Zeitpunkt wiederkommen, der uns gelegener wäre und den üblichen Konventionen eines Besuchs am späten Vormittag mehr entspräche.

„Warum so streng, Watson?", mischte Holmes sich ein und legte die Visitenkarte zurück, an der er zuletzt geschnuppert hatte. „Edelstes Papier aus einem größeren Bogen sorgfältig herausgeschnitten. In Frankreich hergestellt, vielleicht in Paris, nur der Jahrgang fällt mir nicht ein. Einen Herrn, der so teures Papier so sorglos beschriftet, lässt man nicht einfach stehen wie einen unpünktlichen Handwerker. Mrs. Hudson, bitten Sie den Herrn herauf!"

Unsere alte Haushälterin hatte zusammen mit ihrer Sparsamkeit in der Haushaltsführung eine sinnvolle Ökonomie ihrer Bewegungen entwickelt, die ihrem zunehmenden Alter und ihren Gelenkbeschwerden geschuldet war und die sie von unnötigen Gängen anhielt, sodass sie auf dem oberen Treppenabsatz stehen blieb und dem Besucher mit einer Handbewegung andeutete, er möge nach oben kommen, wo sie ihm Hut und Straßenmantel abnahm. Holmes, der behauptete, aus der Schrittfolge eines Menschen auf dessen Charakter schließen zu können, lauschte dem Takt der Absätze auf der hölzernen Treppe, die mit einer unbestechlichen Regelmäßigkeit wie bei einem Metronom aufeinanderfolgten.

Ich darf behaupten, in meinem ganzen Leben noch nie einem Gentleman begegnet zu sein, der so offensichtliche körperliche Vorzüge mit einer würdevollen männlichen Haltung verband, zu der noch vornehme und edle Charakterzüge traten, wie sich aus dem Fortgang der Handlung ergeben wird. Mr. Corless musste das vierte Lebensjahrzehnt beendet haben, erste graue Strähnen durchzogen das von Natur aus sehr dunkle und leicht gewellte Haar und in den feinen Linien seines länglichen Gesichts spielte eine offenherzige Mimik, die seine Gefühlsregungen unverfälscht wie in einem offenen Buch erkennen ließ.

Wir erhoben uns und begrüßten den Gast, der einige höfliche Floskeln als Entschuldigung seines frühen Erscheinens vorbrachte. Er nahm an unserem Frühstückstisch Platz, lehnte aber eine Einladung zur Teilnahme ab und bat nur um ein Glas Wasser. Holmes zündete sich seine übliche Pfeife an und forderte den Gast mit einer einladenden Handbewegung auf, sein Anliegen vorzutragen.

„Sie sehen mich hier, meine Herren", begann Mr. Corless seinen Vortrag, „Sie sehen mich hier in einer Lage, die ich nicht gewohnt bin und deren Bedeutung ich nicht abzuschätzen vermag. Ereignisse von ungeheurer Tragweite könnten Folge meines Besuchs sein, so wie der Flügelschlag eines Schmetterlings in einer tropischen, aufgeheizten Atmosphäre ein Unwetter gigantischen Ausmaßes auslösen könnte. Ich muss mich daher ihrer absoluten Verschwiegenheit und Loyalität zu den Grundfesten unseres Gemeinwesens versichern."

Holmes nickte zustimmend und ich betonte meine Verpflichtung zum Schweigen.

„Gut. Ich möchte Ihnen zunächst etwas zu meiner Person mitteilen. Ich bin der Privatsekretär einer hochgestellten, ich darf sagen, höchstgestellten Persönlichkeit unseres Landes und habe mir in den letzten Jahren wegen meiner absoluten Loyalität ein gewisses Vertrauen meines Herrn erworben. Ursprünglich war ich mit der Sichtung der reichen Buchbestände seines Hauses beauftragt, habe aber bald die Privatkorrespondenz übernommen und erhielt so Einblicke in sehr intime Details der Familie, der zu dienen mir nun seit zwanzig Jahren Ehre und Ansporn ist. Dies allein ist natürlich kein Grund, Sie aufzusuchen, sodass ich Ihnen nun das entsetzliche Ereignis des gestrigen Morgens schildern muss, das unser aller geruhsamen und geordneten Alltag so stark durcheinandergewirbelt hat."

Der Erzähler sah mit einem Ausdruck ehrlichen Kummers in die Runde.

„Nun also zu den Einzelheiten. Seine Hoheit saß gestern Morgen wie immer mit Ihrer Hoheit, seiner Gattin, im Speisezimmer, um sein erstes Frühstück einzunehmen. Sie müssen wissen, dass das eigentliche Frühstück um zehn Uhr in Anwesenheit der ganzen Familie, der Vertrauten und eventueller Gäste stattfindet und einen durchaus zeremoniellen Charakter besitzt, während das kleine Dejeuner im roten chinesischen Salon eingenommen wird, wobei nur George, der langjährige erste Diener Seiner Hoheit, bei Tisch serviert. Die Speisen, übrigens nur etwas Toast, Butter und Marmelade, werden aus der Küche heraufgeholt und in einem Vorraum vor dem Speisezimmer unter großen Silberglocken aufbewahrt, bis die Hoheiten Platz genommen haben. Zuerst betritt Seine Hoheit den Salon, Ihre Hoheit kommt später dazu und benutzt eine hinter einer Tapete versteckte Tür, die über eine Treppe direkt zu ihren Gemächern führt. Sie meidet morgens die Flure, da sie im Morgenmantel erscheint und sich erst später für den Tag einkleidet."

Mr. Corless hielt inne, und Holmes gab durch ein kurzes Nicken zu verstehen, dass er die Besonderheiten im Tagesablauf der hohen Herrschaften zur Kenntnis genommen habe.

„Nichts deutete zunächst auf Ungewöhnliches hin", fuhr Mr. Corless fort. „George bediente als Erstes Ihre Hoheit mit dem Silberkorb, der das Toastbrot enthält, dann Seine Hoheit, und so weiter. Er reichte Ihrer Hoheit den gekühlten Teller mit der Silberglocke, unter der ansonsten die Butter, übrigens normannische Salzbutter, aufbewahrt wird. Und dann geschah es. Ihre Hoheit hebt den Silberdeckel ab, aber leider findet sich darunter nicht der gewünschte Brotaufstrich, sondern …"

„Sondern?", fragte Holmes und rutschte auf seinem Stuhl hin und her, da er von der umständlichen Erzählweise unseres Besuchers unruhig wurde.

„Sondern eine menschliche Hand."

Ich stieß vor Entsetzen einen Schrei aus und Holmes paffte eine Kette von Rauchkringeln gegen die Decke.

„Sie sehen mich hier unter dem Schock dieses unglaublichen Ereignisses, das mir mein Herr etwa eine Stunde später in seiner ihm angeborenen Gelassenheit erzählte. Zugleich muss ich versuchen, alle Schritte zur Aufklärung in einer Weise durchführen zu lassen, die weiteren Schaden von dem Haus abhält, dem ich seit Jahren diene und zutiefst verpflichtet bin. Nach Aussage meines Herrn war es eine weibliche Hand, die direkt hinter dem Gelenk ihrer Besitzerin abgetrennt war und deren Stumpf man pietätvoll hinter einer Spitzenserviette verborgen hatte, wie man sie Brathühnern um die Schenkel wickelt, wenn mir der etwas launige Vergleich gestattet ist. Die Hand war kunstvoll auf einem Drahtgestell aus Silber drapiert, hielt eine Feder zwischen den Fingern und auf einem Blatt als Unterlage war ein Wort geschrieben, das leider nicht mehr lesbar war, da die Eiswürfel, die man zur Kühlung um die Butterglocke gelegt hatte, geschmolzen waren und die Schrift verwischt hatten."

Holmes hatte die Pfeife beiseitegelegt, hörte äußerst aufmerksam zu und beobachtete jeden Wechsel der Gesichtsmimik unseres Gastes, so wie ein Bussard aus der Höhe ein Nagetier auf einem Acker beäugt.

„Verständlicherweise erlitt Ihre Hoheit einen Nervenschock und musste aus dem Zimmer getragen werden. Zuvor hatte Seine Hoheit seinem vertrauten Diener aufgetragen, das ominöse Objekt sicherzustellen und ihn zu absoluter Verschwiegenheit verpflichtet. Ich darf vielleicht hinzufügen, dass Anfälle dieser Art bei meiner Herrin nicht ganz selten vorkommen. Sie hat mittlerweile das Haus in Richtung Meer verlassen und wird sich in ihrem Elternhaus einige Tage erholen. Mein Herr sieht dieses Vorkommnis bei seiner Gemütsruhe als bösen Scherz eines unbotmäßigen Hausangestellten an, hat sich aber auf mein Anraten hin entschlossen, Sie, Mr. Holmes, als berühmtesten Detektiv unserer Zeit zu konsultieren."

Holmes verneigte sich.

„Bevor ich Ihnen Weiteres mitteile, möchte ich Sie fragen, ob Sie bereit sind, zur Aufklärung dieser unglaublichen Episode beizutragen."

„Sie finden mich im Zustand höchster Bereitschaft vor", betonte Holmes, sprang auf und schüttelte unserem verdutzten Besucher mehrmals kräftig die Hand. „Der Fall weist einige Besonderheiten auf, die höchst, höchst merkwürdig erscheinen und mir so noch nie untergekommen sind. Trug die Hand übrigens einen Ring?"

„Davon hat mir mein Herr nichts erzählt", antwortete Mr. Corless mit leichter Verwunderung in der Stimme.

„Sie werden nun sicher wissen wollen, wo sich das Ganze abgespielt hat und wer die Betroffenen sind."

Wir stimmten unisono zu.

„Nun, mein Herr ist der Herzog von Coventry und es handelt sich um Burlington Hall."

„Parbleu", stieß Holmes hervor, „das ist ja was."

Ich war sprachlos. Erst nach einer Pause nahm Mr. Corless seine Erzählung wieder auf.

„Ich habe mit Ihrem Erstaunen natürlich gerechnet, meine Herren, und darf Ihnen versichern, dass Sie mein volles Vertrauen und auch das meines Herrn genießen. Wir haben natürlich überlegt, unsere, wie soll ich sagen, üblichen Ermittlungsbehörden hinzuzuziehen. Aber damit fangen die Probleme an."

Er sah betrübt in die Runde.

„Zunächst einmal haben wir einen Körperteil, den, so darf ich betonen, in unserem Hause niemand vermisst. Aber ein Teil macht noch keinen ganzen Körper oder gar eine Leiche aus und es ist sehr zweifelhaft, dass die Polizei ohne weitere, wie soll ich sagen, Fundstücke überhaupt Ermittlungen aufnehmen würde."

„Sie haben sicher unter allen anderen Silberglocken in der Küche nachgesehen?", fragte Holmes ernsthaft, was Corless kopfnickend und ein wenig irritiert bejahte. „Ich bin gestern Nachmittag nach meiner Ankunft gleich in einer Kanzlei gewesen …"

„Knight und Huntington?", vermutete Holmes und unser Gast nickte erneut. Ich wunderte mich, woher Holmes das wusste.

„Mr. Huntington senior hat umfassende Rechtskenntnisse in allen verzwickten juristischen Fragen. Man kann mit Recht sagen, dass er ein wandelndes Lexikon der Präzedenzfälle ist. Die Rechtslage ist nach seinen Worten so, dass von einem Körper mindestens der Kopf oder die Hälfte des Restes vorhanden sein muss, um ein Kapitalverbrechen nahezulegen. Sir Robert Sloame ist im Jahre 1698 nur deshalb dem Galgen entgangen, weil man beim besten Willen nicht in der Lage war, aus den wenigen Resten seine untreue Ehefrau zu rekonstruieren, die er aller Wahrscheinlichkeit nach umgebracht hatte. Aber es gibt ein größeres Problem. Mitglieder der königlichen Familie stehen unter Immunität, sodass die gewöhnliche Polizei nicht ermächtigt ist, bei ihnen Ermittlungen aufzunehmen. Es müsste als Untersuchungskommission der Erzbischof von Canterbury, der Kanzler der Universität Oxford und ein Mitglied des Oberhauses bestimmt werden. Aber ich fürchte", Corless neigte sich zu Holmes, „die Geisteskraft des gesamten House of Lords reichte nicht an Ihren Scharfsinn heran, Mr. Holmes."

Holmes fühlte sich geschmeichelt.

„Lassen Sie mich die Ereignisse in einen größeren Rahmen stellen", fuhr unser Gast fort, „und lassen Sie uns gemeinsam überlegen, wie wir Sie mit der Lösung des Falles beauftragen können, ohne dass Schmutz und Verleumdungen auf das Ansehen meines Herrn fallen. Eine der Grundfesten unseres Gemeinwesens ist doch gerade die moralische Integrität der allerersten Familien an der Spitze unseres Staates, aus der die unverbrüchliche Treue unseres Volkes resultiert, und dieser Vorfall mit all seinen möglichen Komplikationen könnte sich wie ein schmutziger Ölfilm an der Oberfläche eines reinen Baches ausbreiten und sogar bis ... gelangen."

Corless flüsterte Holmes einen Namen ins Ohr und Holmes bestätigte, dass dies nicht auszudenken sei.

„Mein Herr, der Herzog von Coventry, und ich sind daher zu der Überzeugung gelangt, Ihre Hilfe in Anspruch zu nehmen, bei Ihrer Bekanntheit aber auf ihre Anwesenheit in Burlington Hall zu verzichten. Wir würden Ihnen über einen Boten oder über mich selbst alle notwendigen Informationen zukommen lassen und auf Ihre Intuition und Kombinationsgabe vertrauen."

„Unmöglich, werter Herr", widersprach Holmes freundlich, aber unmissverständlich. „Ich vermag ähnlich wie mein ärztlicher Freund Dr. Watson keine Ferndiagnosen zu stellen. Ich muss alles in Augenschein nehmen, mit allen Sinnen zu erfassen trachten und schließlich zu einem Urteil kommen, nachdem ich alle möglichen anderen Erklärungen für den Vorfall ausgeschlossen habe."

„Ich habe dergleichen Antwort erwartet und mache Ihnen daher ein anderes Angebot. In der Nähe des Schlosses gibt es ein Cottage, das meinem Herrn gehört und das als Gästehaus genutzt wird, wenn, was selten vorkommt, sämtliche Gästeräume von Burlington Hall belegt sind. Früher beherbergte es den Falkner der Herzöge. Es heißt deshalb „Falconry" und ich habe mir erlaubt, es vorsichtshalber wieder herrichten zu lassen. Sie könnten inkognito mit Mr. Watson anreisen, dort komfortabel einige Tage verbringen und die Ermittlungen in Angriff nehmen. Zudem darf ich sagen, dass Sie in unserem ländlichen und beschaulichen Bezirk noch nicht den Bekanntheitsgrad haben wie hier in London, sodass Sie weniger auffallen dürften."

Holmes sah mich an, und ich machte eine zustimmende Handbewegung.

„Einverstanden. Ich gehe davon aus, dass Sie noch heute London wieder verlassen werden, Mr. Corless. Wir werden Sie nicht begleiten, denn unser gemeinsamer Aufbruch bliebe kaum längere Zeit verborgen. Sie müssen wissen, dass wir von windigen, sensationslüsternen Journalisten umzingelt sind. Außerdem muss ich in dieser Sache noch einige Erkundigungen einziehen, wozu ich den heutigen Abend benötige. Wir werden morgen anreisen. Geben Sie bitte Anweisung, dass man uns um vier Uhr an der nächsten Bahnstation, ich glaube, es ist Battenham, abholt."

Muss ich erwähnen, dass Holmes alle wichtigen inländischen Zugverbindungen auswendig kannte?

„Ich möchte Sie noch als Letztes fragen, Mr. Corless", Holmes erhob sich, „ob Ihnen in den vergangenen Wochen und Monaten ähnlich mysteriöse Vorkommnisse berichtet wurden oder ob Sie selbst vielleicht etwas Ungewöhnliches erlebt oder beobachtet haben?"

Mr. Corless schüttelte nach einer kurzen Pause den Kopf.

Wir besprachen dann noch einige Einzelheiten, die unseren Aufenthalt betreffen, und verabschiedeten uns dann von Mr. Corless, dem Mrs. Hudson unten an der Haustür Hut und Mantel aushändigte. Wenige Minuten später kam sie wieder nach oben, klopfte an, wartete das „Herein" nicht ab, keuchte und erklärte mit deutlichem Ton der Missbilligung in der Stimme, der Herr von eben wünsche uns noch einmal zu sprechen.

„Ich bedauere, Ihnen Unannehmlichkeiten zu machen", Mr. Corless schaute ehrlich betrübt drein, „aber ich habe eben über ihre letzte Frage nachgedacht. Mir ist etwas Merkwürdiges eingefallen. Wissen Sie, in einem so großen Haushalt wie auf Burlington Hall, der mit einiger Berechtigung mit dem Organismus einer Kleinstadt zu vergleichen ist, geschehen jeden Tag Ereignisse wie Unfälle, kleine Reibereien oder Unglücksfälle, wie sie nun einmal das Zusammenleben so vieler Menschen mit sich bringt. Aber einen speziellen Vorfall finde ich erwähnenswert. Im Haus lebt die betagte Kinderfrau Ihrer Gnaden. Sie müssen wissen, dass Ihre Gnaden schon früh ihre Mutter verloren hat und deshalb von ihrer geliebten Kinderfrau aufgezogen wurde. Vor zwei Wochen ist diese nachts auf der großen Treppe, die zu den Dienerschaftsräumen von Burlington führt, gestürzt und hat sich schwer verletzt. Sie hat überlebt, aber bisher das Bewusstsein nicht wiedererlangt."

„Interessant und sehr hilfreich", sagte Holmes nach einer Pause und begleitete den Gast nun persönlich nach unten.

Mycroft Holmes

„Seltsam, sehr seltsam", murmelte Holmes, als wir uns wieder an den Frühstückstisch setzten.

„So etwas Seltsames ist mir noch nicht untergekommen. Wissen Sie Watson, der gewöhnliche Verbrecher hinterlässt unwillkürlich Spuren am Tatort, die wir deuten können, wenn wir nur sorgfältig alles untersuchen und in den richtigen Zusammenhang stellen. Denken Sie bloß an den Doppelmord in Plymouth, als wir den Mörder dadurch überführen konnten, weil er beide Male zum Verschnüren der Leichen in großen Säcken eine Knotenform verwendete, die eindeutig ihm zugeordnet werden konnte. Manchmal will der Täter auch etwas, wie soll ich sagen, symbolisieren oder besonders betonen, wie in dem Fall vor fünf Jahren in Kensington. Der Mörder hatte den Mund seines Opfers mit lauter Pennystücken ausgefüllt und dabei auf die alten Sagen angespielt, dass man dem Toten Münzen für den Fährmann in der Unterwelt mit auf die letzte Reise gibt. Die Kriminalistik", Holmes dozierte weiter, „entwickelt sich im Augenblick rasend schnell, weil sie auf die Naturwissenschaften vertraut. Ich vermute aber, dass sich die wahren Fortschritte eines Tages aus der Analyse des Seelenlebens der Täter, das so präzise wie ein Uhrwerk funktioniert, ergeben werden. Was diesen Fall angeht, so glaube ich sagen zu dürfen, dass wir es mit einer Person höchster Raffinesse zu tun haben, die zugleich in einem nervösen Zustand größter Anspannung lebt und zu allem entschlossen ist. Nur so lässt sich der derbe Angriff auf die alte Dienerin erklären."

„Sie glauben also, dass beide Ereignisse miteinander zusammenhängen?", unterbrach ich den Redefluss meines Freundes.

„Unbedingt, Watson, und ich bin der Überzeugung, dass einer der Bewohner von Burlington Hall in höchster Gefahr schwebt. Irgendjemand plant etwas zutiefst Perfides, und er oder sie ist bereit, jeden aus dem Weg zu räumen, der sich ihm entgegenstellt. Deshalb dürfen wir nicht zögern und müssen schon morgen fahren, obwohl ich eigentlich in einer anderen Sache hier in London noch unabkömmlich bin. Nun, wir müssen Prioritäten setzen."

„Aber warum fahren wir nicht schon heute, wenn es so dringend ist?"

Holmes spielte nachdenklich mit seinen Fingern und ließ einzelne Gelenke hin- und herspringen.

„Denken Sie daran Watson, dass wir in all den zurückliegenden Jahren unsere Umgebung und unsere Gesellschaftsschicht nicht verlassen haben. Wir haben deshalb so viel Erfolg gehabt", innerlich dankte ich Holmes für das „wir", „weil uns die Lebenswelt der Täter und der Opfer hinreichend bekannt war. Aber Burlington Hall, das ist nun eine andere Sache, eine andere Größenordnung und jeder Schritt muss gut überlegt sein. Wenn wir früher keinen Erfolg hatten, so lief ein Mörder frei herum, was wohl nicht selten vorkommt, wenn ich an die vielen vergeblichen Ermittlungen des Yards denke. Wenn wir in den nächsten Tagen einen Fehler machen, könnte das Schicksal der ganzen Nation auf der Kippe stehen."

Auf mich wirkte Holmes Einschätzung allzu pathetisch, doch ich schwieg, denn mein Freund schien all seine Bedrücktheit der letzten Tage abgelegt zu haben, und war tatendurstig und überschwänglich, als hätte er sich eine seiner Injektionen mit einer mir unbekannten Substanz gesetzt, die er in den letzten Monaten anstelle des Morphiums bevorzugte.

„Ich habe vor, noch heute meinem Bruder Mycroft eine Botschaft zu senden und ihn um ein Treffen in den Abendstunden in seinem neuen Klub zu bitten. Mir fällt dieses Ansinnen nicht leicht, nach allem, was zwischen uns vorgefallen ist, aber mir ist niemand anderes bekannt, der wegen seiner Position Informationen aus erster Hand über die Kreise besitzt, in die wir bald eintreten werden."

Ich stimmte ihm zu, obwohl es meinem Naturell mehr entsprach, die Dinge einfach auf mich zukommen zu lassen und nicht viel Zeit mit Planungen zu verbringen, aber ich kannte Holmes mit seiner Fähigkeit, mehrere Schachzüge minutiös im Voraus zu planen. Die übrige Zeit des Tages wollte ich mich nach der gestörten Nachtruhe ausruhen und aufgeschobene Korrespondenz, die wegen meiner Arbeitsbelastung in den letzten Monaten lange liegen geblieben war, endlich erledigen.

„Eine Frage noch Holmes, bevor ich mich bis zum Abend in mein Zimmer zurückziehe. Woher wussten Sie, welche Anwaltskanzlei Mr. Corless aufgesucht hatte?"

Holmes grinste freundlich und ohne Überheblichkeit.

„Schuhe sind, mein lieber Watson, ein unerschöpfliches Magazin von Beweismitteln und werden völlig unterschätzt. Die Exemplare von Corless zeigten deutliche Gebrauchsspuren und waren somit nicht neu. Dennoch hat er zweimal während des Besuchs bei uns versucht, an den Fersen aus ihnen herauszuschlüpfen, um seinen schmerzenden Füßen Erleichterung zu verschaffen. Warum? Er muss also gestern nach seiner Ankunft in London eine ungewohnte Strecke zurückgelegt und sich Blasen zugezogen haben. Denn heute ist er mit einer

Droschke gekommen. Nun, wie wir wissen, kam unser Gast in Waterloo Station an. Die Kanzlei von Knight & Huntington befindet sich in einer Entfernung zum Bahnhof, für die ein Droschkenkutscher sein Gefährt nicht in Bewegung setzt, die aber für einen Fußgänger, der das Laufen auf städtischem Pflaster nicht gewohnt ist, zum Problem werden kann. Achten wir in Zukunft also immer auf Füße und Schuhe!"

Ich nahm mir diesen Ratschlag zu Herzen und verließ den Raum. Holmes war aufgestanden und hatte seinen Geigenkasten geöffnet. Dann spielte er den Part der ersten Violine aus einem Streichquartett von Mendelssohn, wobei er die anderen Stimmen mit seiner Einbildungskraft aufleben ließ und sie gelegentlich durch Mitsummen andeutete.

Zur vereinbarten Zeit war ich pünktlich und in angemessener Kleidung zur Stelle, aber Holmes verspätete sich, sodass ich ihn in seinem privaten kleinen Laboratorium aufsuchen musste, zu dem mein altes Zimmer geworden war. Er hatte in einem Tiegel allerlei mir unbekannte Zutaten gemixt, sie erhitzt und sich dabei seine Fingerkuppen der rechten Hand verbrannt, ohne dass es zu dem gewünschten Ergebnis gekommen war. Ich drängte zur Eile und fragte nicht nach dem Sinn des Experiments, den Holmes mir zu gegebener Zeit schon mitteilen würde, wenn es für unsere Ermittlungen von Bedeutung wäre.

Als wir am frühen Abend die Bakerstreet verließen, war es nach einem erstaunlich warmen Tag kühl geworden. Die Feuchtigkeit der Luft war zu Nebel geronnen, der die Fahrgeräusche und den Trittschall auf den Straßen dämpfte. Die Laternen spendeten nur fahles Licht, das sich bald in der Dämmerung verlor, so als hätte man den Lampen Leinentücher übergestülpt. Einzelne Fußgänger, verhüllt in ihre dicken Mäntel, kamen aus den Nebelschwaden und verschwanden wie Schemen in den nächsten Dampfwolken. Ich hasse dieses Wetter, denn so schön ein herbstlicher Nebelspaziergang auf den Heideflächen in Meeresnähe mit der salzhaltigen würzigen Luft sein kann, so bedrückend ist er hier in London, wo sich giftige Dämpfe aus den Industrieschloten und der Kohlenrauch der zahllosen Hauskamine miteinander mischen.

In der Oxford Street nahmen wir eine Droschke, die uns ohne Umwege zum Odeon-Klub brachte, wo Holmes auf seinen Bruder treffen sollte, der hier häufiger seine Abende verbrachte. Wir ließen die Kutsche am Trafalgar Square stehen und gingen zur Pall Mall hoch, wo uns nur wenige Menschen entgegenkamen, welche nach Hause eilten. Die Fenster des Odeon-Klubs mit seiner viel gerühmten klassizistischen Fassade strömten anheimelndes Licht aus und ich freute mich darauf, mich wieder aufwärmen zu können. Ein Diener öffnete die Tür, wir brauchten nichts zu erklären, da man unsere Ankunft angekündigt hatte, und nahm uns die Mäntel ab. Mr. Mycroft Holmes erwarte uns im ersten Stock im kleinen grünen Salon, wurde uns mitgeteilt.

„So, so, Burlington Hall", flüsterte Holmes Bruder, „da begibst Du Dich ja auf ein sehr glattes Parkett."

Er lehnte sich in seinem Sessel nach hinten, legte den Kopf in den Nacken und paffte Rauch aus seiner Zigarre gegen die Decke. Der Salon war äußerst gemütlich, ein wohliges Feuer knisterte im Kamin und an den Wänden mit ihren grünen Seidentapeten funkelten englische Landschaftsbilder, die mich in Freude auf unseren morgigen Ausflug aufs Land versetzten, wenn auch der Anlass eher traurig war. Wir saßen in tiefen, bequemen Ledersesseln und konnten die Füße zum Feuer hin ausstrecken.

„Ich habe deine verschlüsselte Botschaft erhalten und mich an die Geheimschrift unserer Jugend erinnert. Aber musst du immer diese kleinen Schmutzfinken als Überbringer nehmen? Einer von diesen Halunken fing mich vor dem Klub ab, aber es schüttelt mich noch, wenn ich daran denke, für wie viele Läuse und Flöhe er eine prächtige Heimstatt bietet. Du denkst sicher, ein Straßenjunge fällt unter den tausend anderen nicht auf."

Holmes nickte.

„Zumindest weniger als ein Mann von Stand unter den wenigen echten Gentleman dieser Stadt."

Hübsch gekontert, dachte ich bei mir.

Wie bei den seltenen Treffen der beiden Brüder üblich, wurde ich in der Regel nicht in das Gespräch mit einbezogen und hatte so Gelegenheit, die beiden zu beobachten und mir meine Gedanken zu machen. Die Ähnlichkeit von Holmes und Mycroft war unübersehbar, doch hatten Mycrofts Züge etwas Konturloses und Weichliches, während sein üppiger, runder Leib seinen Sessel wie mit einer amorphen Masse ausfüllte. Sein merkwürdig fülliges Haar war sorgsam onduliert und seine Nägel erschienen perfekt manikürt, was in einem seltsamen Kontrast zu den asketischen Fingern meines Freundes stand, an dessen Kuppen Pflaster die Brandwunden des Nachmittags verdeckten. Mycroft sprach langsam und gedehnt, so als unterzöge er das Gesagte während des Redens noch einer letzten Überprüfung, und er liebte es wie ein Diplomat, vieldeutig zu bleiben, ohne sich je genau festzulegen.

„Sehr, sehr glattes Parkett in Burlington", wiederholte Mycroft nachdenklich, „man könnte sogar Glatteis sagen. Weißt du noch, wie du als kleiner Junge auf dem kleinen See neben unserem Elternhaus in einem Winter Schlittschuh fahren wolltest. Du hattest in einem Trog Versuche und Berechnungen über die Tragfähigkeit des Eises angestellt und bist dennoch eingebrochen. Mycroft musste kommen und dich mit einer langen Stange herausziehen, denn das Eis hätte mich noch weniger getragen als dich, und dann mussten wir den Vorfall bei den Eltern vertuschen."

„Du hast dafür am nächsten Sonntag meine Portion vom Lammbraten bekommen, wenn ich mich recht erinnere", rundete Holmes die Erzählung aus der Jugend der beiden ab.

„Tatsächlich?", wunderte sich Mycroft und ächzte, als er sein Körpergewicht von einer Seite des Sessels auf die andere verlagerte.

„Nun, wie kann ich dir helfen, lieber Sherlock?"

„Wir brauchen Informationen über die herzogliche Familie und ich kenne sonst niemanden, den ich anzapfen könnte. Ich bin sicher, dass Ihr in Eurer Behörde Dossiers über beide angelegt habt und dass Du diese wie so viele andere auswendig kennst."

Mycroft überlegte und ließ dabei seine voluminösen Lippen vibrieren. Wir schwiegen einen Moment, weil ein Diener eintrat, einem verschlossenen Schrank einige Zigarren entnahm, uns nach unseren Wünschen fragte und dann den Raum wieder verließ.

„Es gibt wenig Geheimnisvolles in dieser Familie. Frederick, der Herzog, ist eine durch und durch mittelmäßige Person.

Keine Eskapaden, abnorme Gelüste oder unnatürliche geistige Brillanz. Moorhuhnjagd und die Lektüre des ‚Hunters Magazin'. Sollte er, was Gott verhüten möge, da alle anderen Thronanwärter vor ihm sterben müssten, in den Genuss der Thronfolge kommen, er wäre ein beliebter König, von all den mittelmäßigen Menschen draußen geachtet, deren geistigen Horizont er nicht überfordern würde. Nichts ist schlimmer als eine tiefe Kluft zwischen einem Monarchen und seinem Volk. Er hat mit seiner Frau Elisabeth zwei halbwüchsige Söhne, die erfolgreich das eine oder andere College in Oxford in Aufruhr versetzen, um eines Tages als genauso gute Moorhuhnjäger auf den herzoglichen Besitzungen zu enden. Seine Frau, die Herzogin, der er nach allem, was man weiß, treu ergeben ist, hat ein schlimmeres Schicksal hinter sich. Sie ist die Tochter des siebten Earls of Aberton, der schwerreich vor einigen Monaten verstorben ist. Die Mitgift hat das väterliche Erbe so wenig geschmälert, als würde ich dem kleinen Salzfass, das hier auf dem Tisch steht, ein paar Körnchen entnehmen."

Mycroft setzte seine Ankündigung in die Tat um und verstreute die winzigen Kristalle auf dem Boden.

„Die Herzogin hat früh ihre geliebte Mutter verloren, die sich wenige Wochen nach der Entbindung eines weiteren Kindes das Leben genommen hat, und wurde von einer Kinderfrau aufgezogen. Ihr Vater hat später noch einmal und leider unstandesgemäß geheiratet und ist nach vielen Anfeindungen mit seiner zweiten Frau und seinem Sohn aus zweiter Ehe, dem Halbbruder der Herzogin, nach Neuseeland ausgewandert. Wie ich gehört habe, hält sich dieser Halbbruder, ich glaube, er heißt James, zurzeit in Burlington Hall auf, um mit seiner Halbschwester die Regelungen des Testaments umzusetzen.

Zu seiner Person kann ich leider nichts sagen, über ihn ist in meiner Behörde noch kein Aktenvorgang angelegt. Die Herzogin selbst ist eine, wie soll ich sagen, kapriziöse Person. Sie ist deutlich intelligenter als ihr Mann, aber reizbar, sprunghaft und unausgeglichen. Sie neigt zu nervösen Anfällen, welche die Dienerschaft fürchtet, und ist in der Lage, allein durch ihre Launen den großen Haushalt gehörig durcheinanderzubringen. Seit einiger Zeit versucht sie sich auf vielen Gebieten, der Malerei, der Musik, der Literatur, aber ihren Produktionen fehlt jeder Esprit und jeder Hauch von Originalität. Sie hält sich für ein verkanntes Genie und ist doch nur ein gewöhnliches Geschöpf, das reich und adelig auf die Welt gekommen ist, und an vielen Tagen Langeweile hat."

Mycroft schwieg wieder eine Zeit lang, als ob er überlege, welche Informationen er uns noch mitteilen könne.

„Das dürfte fürs Erste genügen", entschloss er sich schließlich, seine Erklärungen zu beenden. „Natürlich gibt es noch mehr zu berichten, aber ich glaube, Bulletins über den Zustand des Bettlakens im herzoglichen Schlafzimmer dürften dich nicht wirklich interessieren. Und denk an das, was ich einleitend sagte. Burlington Hall ist von einer unsichtbaren Glaswand umgeben und du schlägst dir die Nase auf, wenn du zu nah herangehst. Und wenn du wieder hinaus willst, sind die Ausgänge vielleicht mit Gitterrosten verschlossen. Und erwarte keine Hilfe von mir. Dieses Treffen hat niemals stattgefunden und keiner von den Dienern wird dich je wiedererkennen, solltest du behaupten, mich hier getroffen zu haben."

Wir sahen das Gespräch als beendet an und erhoben uns. Mycroft bat uns, den Odeon-Klub durch einen der Hinterausgänge zu verlassen, da um diese Zeit einige größere Equipagen zu erwarten waren. Heute sei Donnerstag und die „Whisky- und Zigarren-Gesellschaft" träfe sich, um die politische Lage zu erörtern. Einige der ranghöchsten Politiker unseres Landes seien anwesend und möchten vielleicht nicht im Gespräch mit dem politischen Gegner ertappt werden.

„George wird euch die „Waterloo"-Treppe entlang führen", bestimmte Mycroft, als er sich mühsam aus seinem Sessel emporgearbeitet und die Manschetten geordnet hatte. „Bitte seid leise, im Saal der Mumien darf nicht geredet werden."

Holmes und ich sahen uns an.

„Im Britischen Museum gibt es einen langen Korridor mit Vitrinen voller Mumien an den Wänden. Ich nenne unseren Großen Salon genauso. Ihr werdet sehen, warum. Einige unserer berühmtesten Staatsmänner, Heerführer und Abenteurer verbringen dort ihre letzten Lebensmonate, umgeben von hohen Ledersesseln und Zigarrenrauch. Zu ihren besten Zeiten waren sie alle Solitäre, Einzelkämpfer und Egomanen und deshalb können sie die Anwesenheit anderer Menschen in der gleichen Situation schlecht ertragen. Mit der Anordnung der Sessel in diesem Raum wurde ein Mathematiker beauftragt, der sie so aufstellen ließ, dass die Insassen der gepolsterten Inseln möglichst keinen Leidensgenossen zu Gesicht bekommen. Nun, auf Wiedersehen, Sherlock. Habe die Ehre, Mr. Watson."

Mycroft schlurfte hinaus.

Wie angekündigt, führte uns George die Waterloo-Treppe hinunter, die so hieß, weil sie über und über mit Porträts von Kämpfern dieser berühmten Schlacht geschmückt war, von denen einige überlebensgroß auf uns herabblickten. Wir folgten dem roten Teppichläufer durch die Galerie, schwiegen und hörten gelegentlich nur Schnarchen aus einem der Sessel, die abweisend mit dem Rücken zu uns standen. In der letzten Sitzecke wurde gerade ein winziger uralter Mann, der an den Beinen gelähmt schien, von einem jungen kräftigen Diener in einen Rollstuhl gehoben, und mit einer gewissen Rührung beobachtete ich, mit welch liebevoller Vorsicht der Junge die brüchigen Glieder des Alten sortierte, um ihm keine unnötige Schmerzen zu bereiten.

Unsere Kleidung hatte man in der Zwischenzeit getrocknet und gewärmt und der Diener half uns mit einem so ausdruckslosen Gesicht in die Mäntel, als legte er sie einer Schaufensterpuppe an.

Wir verließen den Klub durch den Hintereingang, der sicher manches Mal zu konspirativen Treffen genutzt wurde. Ein schmaler Gang führte zwischen zwei Häuserzeilen hindurch, deren ziegelgemauerte Rückfronten einen hässlichen und abweisenden Eindruck machten, da die Architekten offensichtlich den höchsten Aufwand an den Vorderfronten getrieben hatten. Der Nebel war noch undurchdringlicher geworden, wir sahen kaum die eigene Hand vor den Augen und konnten uns nur orientieren, weil wir in etwa die richtige Richtung zum Trafalgar Square kannten.

Holmes war seltsam fahrig und unruhig, mied ein Gespräch und drehte sich mehrfach um. Dann zog er mich am Arm in einen Seitengang und blieb stehen. Ich hörte, als ich mich anstrengte, Schritte hinter uns, deren Entfernung ich nicht einschätzen konnte und die von einem schlurfenden Rascheln begleitet waren, das ich kaum einem menschlichen Wesen zuschreiben mochte. Die Schritte mit ihrem bedrohlichen Takt kamen näher und näher, Holmes entsicherte den kleinen Revolver, den er fast immer in den letzten Jahren bei sich trug, und wir drückten uns hinter eine Mauer, die einen kleinen Vorgarten abgrenzte und hinter der struppiges Gebüsch wuchs. Natürlich mochten die Schritte eine ganz natürliche und banale Erklärung haben, aber es war sonst kein Mensch weit und breit zu sehen und es war besser, vorsichtig zu sein und nicht auf die Zufälligkeit von Ereignissen zu vertrauen.

Ich zählte die Schritte mit und bemerkte, dass das Begleitgeräusch verschwunden war, als sich die Person dem anderen Ende der langen Mauer näherte, hinter der wir uns versteckten. Hoch über uns ging in einem Fenster plötzlich ein Licht an, unwillkürlich sah ich nach oben, erkannte den Sims der Mauer und erschrak zutiefst. Ein seltsames Wesen balancierte über mir, angetan mit Frack und Zylinder, zeigte mir einen Augenblick sein fratzenhaftes Gesicht, bleckte seine entsetzlich langen Zähne, die von den Lippen entblößt waren, und verschwand im selben Moment.

„Haben Sie das gesehen", flüsterte ich Holmes zu, was unwahrscheinlich war, da er sich eng außen an der Seitenwand der Mauer hinter einem Vorsprung verborgen hatte, um die Straße zu beobachten. Er ließ sich ohne Kommentar meine Beobachtung berichten, ohne sie als Einbildung oder Halluzination eines angespannten Gehirns abzutun, das seinem Besitzer Streiche spielte.

„Nun komm schon, Beeilung, Beeilung!", sagte eine kalte männliche Stimme, wobei die Herkunft und der angesprochene Begleiter in der Dunkelheit und in der trüben Nebelbrühe nicht zu erkennen waren. Die Schritte verklangen in der Ferne und wir hörten ganz leise die anrollenden Räder einer Kutsche.

„Wir müssen mit dem Äußersten rechnen", waren Holmes letzte Worte, als wir in der Bakerstreet wieder im Warmen saßen und ich mich bald zurückzog. Ich hatte gegen den Whisky nichts einzuwenden, den Mrs. Hudson uns in weiser Voraussicht bereitgestellt hatte, obwohl ich dieses Getränk sonst vor dem Zubettgehen mied. Trotz der Furcht einflößenden Eindrücke schlief ich gut und traumlos und wachte nur einmal in der Nacht auf, als der plötzlich aufkommende Wind, der die Stadt von den giftigen Dämpfen reinigen würde, an den Fensterläden zerrte.

Burlington Hall

Ich darf mit Fug und Recht behaupten, dass unsere englische Landschaft etwas in der Welt Einmaliges ist. Während meiner jungen Jahre habe ich andere Erdteile mit ihren grandiosen Weiten und Höhen gesehen, die von gigantischen natürlichen Kräften geschaffen wurden und oft so menschenfeindlich sind, dass die wenigen Bewohner sich in ummauerte Trutzburgen zurückziehen müssen, wo sie gegen Sandstürme und Trockenheit um ihr Überleben in feindlicher Umwelt kämpfen müssen. Nichts dergleichen in unserem lieblichen Heimatland. Jahrhundertelang haben Menschen Wiese, Acker und Flur mit ihrer Hände Arbeit kultiviert, das milde Klima hat das Seinige dazu beigetragen und so genießen wir heute in vielen Landstrichen eine prachtvolle Parklandschaft, welche den Landmann ernährt und das Herz eines jeden Besuchers besonders im Frühjahr erfreut.

Holmes und ich hatten uns zunächst entschlossen, zusammen den Zug um 14.00 Uhr ab Waterloo Station zu nehmen, aber Holmes teilte mir beim Frühstück mit, dass er noch eine dringende Sache zu erledigen habe und deshalb zwei Stunden später nachkommen werde. Meinen Einwand, auch ich sei ungebunden und deshalb zu einer anderen Zeit abkömmlich, ließ er nicht gelten, gab aber keine genaue Begründung an und so fügte ich mich seinem Wunsch.

Um ein Uhr hatte ich gepackt, dankte Mrs. Hudson für ihre Arbeit mit meiner Wäsche und bestieg die Droschke, die erstaunlich pünktlich vor der Tür wartete, um mich zur Waterloo-Station bringen zu lassen, wo ich ohne Schwierigkeiten eine Fahrkarte erstand und ein passendes, glücklicherweise unbesetztes Abteil fand.

Der Zug hatte etwas Verspätung und so nutzte ich die Gelegenheit, das Bauwerk der Waterloo-Station zu bewundern. Bahnhöfe sind wirklich Kathedralen des Fortschritts, doch im Gegensatz zu ihren mittelalterlichen Verwandten in nur wenigen Jahren hochgezogen und schnell funktionstüchtig, um hier die neuen technischen Errungenschaften anzubeten. Die kunstvollen Skelette der eisernen Bögen, welche sich verzweigen und das Hallendach tragen, bewunderte ich besonders, da sie mit ihren eisernen faustgroßen Nieten für die Ewigkeit gemacht schienen, und ich sah die dampfenden Lokomotiven mit ihrer geheimnisvollen Mechanik aus Gestänge, Rädern und Kesseln, in denen das gebändigte Feuer brannte. Es waren nur wenige Menschen auf dem Bahnsteig, der Schaffner schloss die Abteiltüren, ein durchdringender Pfiff ertönte und wir fuhren ab.

Man kann erst erfassen, wie unglaublich groß und unübersichtlich London geworden ist, wenn man die Zeit berechnet, die man benötigt, um mit der Bahn vom Stadtzentrum an den Stadtrand und dann aufs Land zu gelangen. Ohne Rücksicht auf gewachsene Strukturen durchqueren die Trassen der Eisenbahn Stadtviertel, wo man in die ärmlichen Hinterhöfe von Mietskasernen mit all ihrem Unrat und Schrott blickt, oder man fährt an den hoch aufgemauerten Ziegelwänden von rußgeschwärzten Fabriken vorbei, hinter deren vom Kohlenrauch verschmierten Scheiben man schemenhaft Menschen erkennt, die ihrer ermüdenden Tätigkeit nachgehen. Bald werden die Häuser weniger, sie ragen als einzelne Inseln aus struppigem Grünland empor, verbunden mit Schotterwegen anstelle von befestigten Straßen, und dann plötzlich liegen alle menschlichen Behausungen hinter dem Reisenden. Die sichtbaren Zeichen und Narben menschlichen Tuns werden weniger und unversehens reicht das Grün der Natur bis zum hügeligen Horizont oder bedeckt als dichtes Gebüsch und flirrendes Blätterdach im Wald den Schienenstrang von allen Seiten wie ein Tunnel.

Wir hielten unterwegs an allen Stationen und wurden am zweiten Bahnhof eine Weile aufgehalten, weil zwei Schaffner einen Mitreisenden nach draußen beförderten, der sich mit Flüchen und Drohungen über diese Behandlung beschwerte. Leider steht dieses Reisemittel allen Reisenden offen, ohne dass man auf angepasstes Verhalten oder charakterliche Eignung Rücksicht nimmt.

Ich hatte mir Pembrokes „English Landscales observed by train" als Lektüre mitgenommen und konnte Text und natürliche Umgebung miteinander vergleichen, während mir sonst viele Einzelheiten entgangen wären: hier das Tor zu einem berühmten Landsitz, der am Ende einer Allee zu erahnen war, dort eine Brücke an einem aufgestauten Fluss, die ein angesehener Baumeister errichtet hatte. Zudem hatte sich hier, in dieser geschützten und begünstigten Ecke unserer Insel, der Frühling wie ein zarter Flaum mit zahllosen weißen Blüten über die Natur gelegt, was den Reiz meiner Beobachtungen erhöhte.

Bald kam der Schaffner und meine Stimmung wurde getrübt. Er schien älter, war gebückt, sodass ich sein dunkles Gesicht kaum sehen konnte, und er hatte eine unangenehm knarzende Stimme.

„Die Fahrkarte!"

Das Wort „bitte" folgte erst in einigem Abstand, als er meine eisige Miene sah.

Ich suchte in meiner Westentasche, fand sie in der rechten, gab sie ihm und wandte mich wieder meinem Ausblick aus dem Fenster zu.

„Tut mir leid, mein Herr. Die Karte ist nicht gültig."

Ich stutzte.

„Was soll das heißen? Ich habe die Karte heute am Bahnhof gekauft."

„Sie sind schon der Zweite, der das behauptet. Ihr Vorgänger musste zwischenzeitlich leider den Zug verlassen. Sehen Sie selbst."

Er gab mir die Fahrkarte zurück und ich staunte nicht schlecht. Tatsächlich zeigte sie das falsche Datum und den falschen Ankunftsort und ich war erbost über mich, dass ich sie beim Kauf nicht geprüft hatte. Sie musste verwechselt worden sein. Ich wendete alle Taschen von innen nach außen, aber ich fand kein anderes gültiges Billett.

„Tut mir leid, tut mir leid", krächzte dieser gewöhnungsbedürftige Kontrolleur, „Sie müssen noch einmal zahlen." Ich fügte mich in mein Schicksal und gab ihm eine Pfundnote, die er nicht wechseln konnte.

„Wissen Sie was?", gluckste er und ich war erstaunt über die Fülle von Geräuschen, die er von sich gab, „das Wechselgeld bringe ich Ihnen in die Bakerstreet."

„Kommt gar nicht in …!", rief ich und hielt plötzlich inne. Die Stimme hatte jetzt einen ganz anderen Klang, der mir seit Jahren vertraut war, der vermeintliche Schaffner nahm seine Mütze ab und es war … Holmes.

„Holmes, Sie Teufelskerl!", schrie ich aus Empörung über

47

seinen Coup und über die gelungene Verkleidung und ließ mich auf die Bank des Abteils zurückfallen.

„Was in aller Welt führt Sie zu dieser Schauspielnummer?"

Holmes setzte sich und wischte sich etwas von der Gesichtsfarbe aus den Augenwinkeln.

„Ich musste tätig werden. Als wir gestern Abend heimkamen, lungerte eine Person an der Ecke zur Bakerstreet, sprach mit unserem Kutscher, als wir ausgestiegen waren, und ließ sich von ihm zu einem mir unbekannten Ziel bringen. Heute Morgen habe ich ihn wiedergesehen und er machte kaum und nur ungeschickte Anstalten, sich zu verbergen. Haben Sie bemerkt, dass er Ihnen zum Bahnhof gefolgt ist?"

Ich schüttelte den Kopf.

„Die Maskierung war einfach. Denken Sie nur daran, wie selten Menschen bei einem Uniformierten die Person, die innen steckt, beachten. Zudem habe ich eine ganze Sammlung verfallener Fahrkarten angelegt und es war nur ein Taschenspielertrick, die gültige Karte des Unbekannten gegen die Falsche auszutauschen. Übrigens ist die Person weniger bedeutsam, als ich dachte. Als der Mann sich weigerte, den Zug zu verlassen und handgreiflich wurde, hatte ich Gelegenheit, in dem Gewühl kurz seine Taschen zu durchsuchen. Ich fand einen Briefumschlag mit seiner Anschrift, ein Journalist für eines der Blätter von Sir Hugh Graham. Ich werde mich bei Graham beschweren, wenn ich ihn das nächste Mal treffe. Er soll uns bitte Beschatter mit einem deutlich höheren Niveau schicken."

Holmes bat mich, einen Moment das Abteil zu verlassen, weil er sich umkleiden wollte, und ich folgte seinem Wunsch und schützte das Abteil vor unerwünschten Besuchern. Kurz vor unserem Ziel begleitete die Bahntrasse einen Fluss, der sich in vielen Windungen durch ein hügeliges, von Büschen bewachsenes Gelände schlängelte, bis er ein enges Tal zu durchqueren hatte. Hier war kein Platz mehr für Bahnschienen und so hatte man mit viel Aufwand eine Reihe von Tunneln graben müssen, um eine sichere Zugverbindung in den Westen unseres Landes herzustellen, der das häufige winterliche Hochwasser nichts anhaben konnte.

Ohne weitere Zwischenfälle erreichten wir Battenham, wo wir den Zug verließen. Die Station war winzig, mehr ein Wohnhaus mit Gleisanschluss, und ein Vorsteher, der sich seiner Bedeutung bewusst war, regelte alles mit sicherer Hand. Mit uns stiegen einige Landbewohner aus, die von ihren Angehörigen mit Pferdewagen abgeholt wurden. Unsere Kutsche stand etwas abseits und war an dem herzoglichen Emblem von Weitem zu erkennen. Mr. Corless hatte einen seiner untergebenen Sekretäre geschickt, einen unscheinbaren, aber kräftigen jungen Mann, der anstelle des trägen Kutschers die Koffer verlud und uns eine Karte in einem verschlossenen Umschlag überreichte. Sie enthielt einige wichtige Maßregeln für die nächsten Tage, unsere Pseudonyme, unter denen wir bei den nicht Eingeweihten aufzutreten hatten, und den Hinweis, dass wir Seiner Königlichen Hoheit morgen um elf Uhr in der Privatbibliothek vorgestellt werden sollten. Eine Fußnote gab den dezenten Hinweis, dass man uns mit passender Kleidung aushelfen könne.

Am Bahnhof begannen drei wenig befestigte, holprige Landstraßen, die nach Burlington Hall, in das nahe gelegene Dorf Battenham mit seiner erhöhten Kirche und den darum geduckten Häusern und schließlich in den nächsten größeren

Weiler führten. Der Kutscher und unser Begleiter schwiegen und gaben nur auf Nachfrage eine knappe Antwort an der Grenze zur Unhöflichkeit, sodass wir uns mit der Betrachtung der Umgebung beschäftigten. Bald schon führte die Straße an der steinernen Mauer entlang, welche das riesige Schlossareal umgab, dessen genauen Umfang ich mit den Jahren vergessen habe. Wir passierten das Tor mit seinem schmiedeeisernen Gitter, das mit den Wappen der übrigen herzoglichen Besitzungen verziert war. Die Baumeister hatten die Zuwegung so geschickt gestaltet, dass sie durch eine Senke auf das auf einem niedrigen Hügel gelegene Schloss gerichtet war, wodurch der majestätische Anblick noch gesteigert wurde.

Nach allem, was ich gelesen habe, geht Burlington Hall auf eine normannische Festung zurück, die noch an der archaischen Mauerung des Westturms zu erkennen ist. Die Anlage ist völlig symmetrisch, obwohl viele Baumeister in den folgenden Jahrhunderten daran beteiligt waren und auf die unterschiedliche Bodenbeschaffenheit Rücksicht zu nehmen hatten, denn Fels, Sand und Morast im Untergrund wechseln sich hier ab. Vier Türme gleicher Höhe markieren an dem Bau die Himmelsrichtungen und sind durch einheitliche Schlossgebäude miteinander verbunden, deren Dachkonstruktionen die Plattformen der Ecktürme nicht überragen. Auf dem Südgebäude des Palastes flatterte eine Fahne und ich ließ mir sagen, dass sich dort die Gemächer der herzoglichen Familie befänden. Noch zu Beginn des Jahrhunderts sei die Westseite des Palastes errichtet worden, deren Gebäude große Teile der herzoglichen Sammlungen enthielten, für die nicht zuletzt Burlington Hall berühmt war. Erst seit dieser Zeit besitze die Anlage die heutige Geschlossenheit.

Holmes hörte meinen Ausführungen, die ich mir angelesen hatte, nicht zu, sondern blickte suchend umher, und ich vermutete, dass ihm ein oder zwei Details aufgefallen waren, die für einen Normalsterblichen ohne Bedeutung waren, die sich seinem genialen aber Gehirn einprägen würden und eines Tages den Schlüssel zur Lösung des Problems enthalten mochten.

Bald bogen wir von der Zufahrtsstraße ab, wandten uns nach Westen, durchquerten die Wirtschafts- und Stallgebäude des Schlosses, die hinter mächtigen Bäumen verborgen lagen und so mit ihrem zusammengewürfelten Gewirr aus Buden, Scheunen und Ziegelhäusern mit zahllosen Schornsteinen den Anblick des Schlosses nicht beeinträchtigen konnten. Wir verließen durch ein kleines Tor das Schlossgelände und kamen nach kurzer Fahrt in Falconry an, wo wir uns die nächsten Tage aufhalten würden. Die alte Falknerei lag entzückend an einem Abhang zwischen Wiesen und Waldrand und bestand aus einem zweigeschossigen Haupthaus und einem Fachwerkanbau, der früher das Wirtschaftsgebäude gewesen sein dürfte, jetzt aber zur Wohnung des Hausmeisterehepaars umgebaut war. Man hatte Vorsorge für unsere Ankunft getroffen, die Fenster im Erdgeschoss waren geöffnet, um zu lüften, und in den klaren Abendhimmel stieg eine feine Rauchfahne.

Mrs. Robson, unsere Köchin und Haushälterin für die nächsten Tage, eine propere, munter plappernde Person mittleren Alters, begrüßte uns, und George, ihr wortkarger Mann, brachte die Koffer in unsere Zimmer in der ersten Etage. Sie waren sparsam möbliert, aber sauber und die hölzerne Wandvertäfelung verströmte einen angenehmen würzigen Geruch. Der einzige, obligatorische Schmuck an den Wänden waren

Stiche nach Ölgemälden berühmter Pferderennen und Treibjagden.

Holmes und ich hatten noch genügend Zeit, uns vor dem Abendessen, das wegen unserer ungewissen Ankunftszeit später gelegt worden war, etwas auszuruhen.

„Was meinen Sie, Watson, wie sollen wir vorgehen?", fragte Holmes mich, als wir es uns nach dem Abendessen vor dem Kamin gemütlich gemacht hatten. Das Mahl war einfach, aber schmackhaft, Lammbraten mit Minzsoße und Kartoffeln und zum Schluss eine mir unbekannte französische Süßspeise, umlegt mit kandierten Früchten des letzten Herbstes, die in Rum eingelegt waren. Allerdings schien mir der Rotwein, der uns aus dem herzoglichen Keller als Begrüßungsgabe geschenkt worden war, ein Burgunder unbekannten Jahrgangs in einer sehr staubigen Flasche, seine guten Zeiten hinter sich zu haben.

„Am besten stochern wir wie in einem trüben See etwas herum und schauen dann, was wir aufwirbeln können und was an die Oberfläche steigt", schlug ich vor, weil mir nichts anderes einfiel.

„Typisch Watson", Holmes bemühte sich mit kräftigen Luftzügen seine Pfeife anzuzünden, was schwierig war, da aus unbekannten Gründen der Tabak unterwegs nass geworden war.

„Aber wahrscheinlich haben Sie recht", murmelte er mehr zu sich. „Selten hatte ich sowenig Anhaltspunkte, worin das innere Geheimnis, der eigentliche Sinn dieses Falls, liegen könnte. Sonst sind die Zeichen so offensichtlich, Menschen morden aus Hass, Eifersucht, Geldgier, Neid, Rachsucht oder einem anderen Grund, den das Todsünderegister der alten Kirche so trefflich aufzählt. Aber hier …? "

„Und was ist mit Liebe, zum Beispiel verschmähter Liebe? Und warum gehen Sie von einem Mord aus?"

„Ja, natürlich, die Liebe, natürlich. Es gibt viele Obsessionen, welchen Menschen erliegen können. Wir müssen, Watson, wir müssen den ersten Zug machen. Ich muss die abgetrennte Hand sehen und untersuchen und ihre ärztlichen Kenntnisse werden uns hilfreich sein. Und wir sollten vorsichtig sein, vielleicht wird man uns morgen ein Schauspiel bieten, um unsere Unvoreingenommenheit zu benebeln und uns falsche Schlüsse ziehen zu lassen. Was den Mord angeht, warten Sie nur ab. Sie werden ihn bekommen."

Dann schwiegen wir und sahen zu, wie im Kamin die letzten Scheite langsam verglommen.

Der Herzog von Coventry

Die erste Nacht in Falconry schlief ich gut und traumlos, bei geöffnetem Fenster und beruhigt von den nächtlichen Geräuschen des nahen Waldes, dem Säuseln der Blätter, in denen der Wind spielte, und von den Regentropfen eines kurzen Schauers. Der Morgen war klar und kühl, im Osten war ein blauer Himmel in größeren Wolkenlücken zu sehen. Burlington Hall, das ich von meinem Fenster aus erkennen konnte, wurde von zaghaften Sonnenstrahlen angeleuchtet und lag wie eine goldene Krone über der ein wenig nebligen, melancholischen Hügellandschaft.

Nach dem Frühstück, das ich allein einnahm, da Holmes zu einem Spaziergang mit unbekanntem Ziel aufgebrochen war, fand ich perfekt aufbereitete Kleidung vor, die man uns angeboten hatte, und ich muss sagen, dass ich in diesem Aufzug selbst bei Hofe in London Eindruck gemacht hätte. Holmes war glücklicherweise pünktlich zur Stelle und um zehn Uhr holte uns die herzogliche Kutsche ab, wobei uns wie schon gestern der Gehilfe von Mr. Corless begleitete. Wir fuhren am Südflügel des Schlosses vor, ein livrierter Diener öffnete den Wagenschlag und man führte uns in den Südtrakt, der die Verwaltungseinrichtungen des Schlosses enthielt. Links und rechts vom Eingang lagen Büros mit zahlreichen Schreibern, die schweigsam und tief gebeugt über ihren Pulten ihren Geschäften nachgingen, umgeben von Bergen von Papier in hohen, verschlossenen Aktenschränken.

Mr. Corless empfing uns in seinem vornehmen Dienstzimmer, wo er gerade einem weiteren Sekretär ein Schreiben diktierte. Er freute sich, als er uns sah, und nahm sich sofort Zeit für uns.

„Meine Herren, ich darf Ihnen einige hilfreiche Ratschläge mit auf den Weg geben, die Ihnen den Umgang mit seiner Hoheit sehr erleichtern werden. Der Herzog hasst Unpünktlichkeit, sodass wir einige Minuten vor elf in der kleinen Privatbibliothek auf ihn warten werden. Bitte sprechen Sie ihn erst an, wenn ich Sie vorgestellt habe. Verwenden Sie bitte bei der ersten Anrede „Königliche Hoheit" und später „Sir". Vermeiden Sie ängstliches Verhalten und jede plumpe Vertrautheit. Der Herzog wird Ihnen banale Fragen stellen und Sie werden erkennen, dass er eine Antwort nicht erwartet. Setzen Sie sich bitte erst, wenn er seinen Platz gefunden hat. Meiden Sie völlig Bemerkungen über die weltpolitische Lage oder die Innenpolitik, wenn Sie den Raum heute noch wieder verlassen wollen. Täuschen Sie Unkenntnis und Indifferenz in derartigen Fragen vor. Ach und … bitte beachten Sie, dass in der Bibliothek zwei Gebäudeteile aneinanderstoßen, sodass der Raum unglücklicherweise in der Mitte eine Schwelle besitzt, die schon manchem zum Verhängnis wurde. Nun, ich sehe, es ist zehn vor elf. Wir sollten uns auf den Weg machen."

Durch eine andere Tür kamen wir auf einen Verbindungsgang und gelangten in den Innenhof von Burlington Hall, eine fast quadratische Fläche mit sich kreuzenden Kieswegen und vier Grasflächen ohne eine weitere pflanzliche Zierde, auf welchen die ebenso majestätischen wie langweiligen Fensterfronten der vier Flügel des Palastes hinabblickten.

„Seine Königliche Hoheit, der Herzog von Coventry" kündete pünktlich mit dem letzten Stundenschlag der Schlossuhr ein wie ein Herold gekleideter Diener an und öffnete eine nahezu verborgene Tapetentür in der Seitenwand der kleinen Bibliothek, die als Raum größer als ein Mietshaus in London war. Mit zügigen, energischen Schritten trat der Herzog ein, ein kräftiger Mann mit Vollbart, so groß wie Holmes, rotwangig und mit ausdrucksstarken Augen, in deren geradem Blick keinerlei Selbstzweifel zu liegen schienen. Er war seinem Vater auf verblüffende Weise ähnlich.

„Gute Arbeit, Corless", wandte er sich an seinen Sekretär, „wie war das Wetter in London? Wie immer nehme ich an?"

Mr. Corless verbeugte sich wortlos.

„Darf ich Eurer Königlichen Hoheit unsere Gäste vorstellen, die sich einige Tage in der alten Falknerei aufhalten werden. Mr. Sherlock Holmes und sein Begleiter, Mr. Watson, aus London."

„Sehr erfreut, Mr. Holmes. Mr. Watson."

Wir verneigten uns.

„Nun, nehmen wir doch Platz."

Der Herzog setzte sich an seinen Schreibtisch, wobei er den Sessel zu uns drehte, wir erhielten zwei Besucherstühle in deutlichem Abstand zu Seiner Hoheit. Ein wunderschöner englischer Setter mit weißgelbem Fell war mit seinem Herrn hereingekommen, hatte sich neben ihn gesetzt und uns gemustert. Er hörte auf den Namen „Lord", wurde gekrault und legte sich dann beruhigt neben seinen Herrn auf den Boden.

„Gute Reise gehabt, meine Herren? Ist ja heute mit der Bahn viel bequemer als früher."

Corless machte mit seiner rechten Hand ein zuvor vereinbartes Zeichen, das uns andeutete, eine Antwort auf diesen Gemeinplatz sei nicht nötig.

„Wie geht es dem alten Ramsay? Lord Ramsay."

Ich wollte antworten, dass uns eine Person diesen Namens nicht bekannt sei, erhielt aber von Corless dasselbe Fingerzeichen.

„Muss unbedingt mal wieder mit dem alten Ramsay essen gehen, wenn ich wieder in London bin."

„Na, Holmes, schon eine heiße Spur? Lord", er streichelte die Flanken seines Hundes, der bei seinem Namen aufgesprungen war, „Lord nimmt bei der Jagd sofort die Witterung auf, schnüffelt und schnüffelt und zack, er hat die Beute. Lässt sie nicht wieder los. Was mein Guter?"

Holmes versicherte, dass er sich in den nächsten Tagen bemühen werde, es dem Vorbild von Lord gleichzutun.

„Unsere Gäste, Königliche Hoheit", schaltete der Sekretär sich jetzt ein, „möchten darauf hinweisen, dass direkte Ermittlungen im Haus und Befragungen des Personals in dieser leidigen Angelegenheit unumgänglich sind, um eine Lösung der unangenehmen Angelegenheit zu erzielen."

„Gut, Corless, ich höre wie immer auf Ihren Rat. Aber wir müssen ein Inkognito aufrechterhalten, um Aufsehen zu vermeiden. Ich habe darüber nachgedacht."

Er schwieg eine Weile, um anzudeuten, dass der nun kommende Vorschlag das Produkt einer schwierigen Suche gewesen war.

„Sie wissen, Corless, dass aus der Gemäldegalerie eines der Bilder verschwunden ist. Wir könnten Holmes und … und …"

„Mr. Watson, Königliche Hoheit."

„Danke, also Holmes und Watson als Mitglieder einer Detektei ausgeben, die mit der Wiederbeschaffung des Bildes beauftragt worden ist. Wir nennen Sie Higgins und Wilkins."

„Glänzender Einfall, Königliche Hoheit."

Der Herzog dankte mit einem freundlichen Lachen für dieses Lob.

„Ich möchte unsere Gäste für heute Abend zum Dinner einladen. Reine Herrenrunde, einmal in der Woche. Sie wissen, dass meine Gattin für einige Tage zur Erholung an die See gereist ist."

Der Herzog von Coventry erhob sich, um das Ende der Audienz anzudeuten.

„Noch eine Frage, Hoheit", Holmes Züge waren angespannt, „um was für ein Bild handelt es sich bei dem verschwundenen Gemälde?"

„Nun, nichts künstlerisch besonders Wertvolles. Ein Familienporträt im Stile von Reynolds, meine Frau und ihr Halbbruder, Elisabeth damals sechzehn, James etwa drei Jahre alt. Mäßige Qualität, ein Abschiedsgeschenk meines Schwiegervaters, des Earls of Aberton, bevor er England verließ. Schwer reich, aber halsstarrig. Eigentlich stellt das Gemälde eine gekonnte Täuschung dar, meine Frau und ihr Halbbruder haben nie zusammen Porträt gesessen, geschweige denn im selben Haushalt gelebt. Der Maler hat geschickt improvisiert. Übrigens prächtiger Bursche, dieser James. Ganz nach meinem Geschmack. Na, Sie werden ihn heute Abend kennenlernen. Danke, meine Herren."

„Darf ich noch einen Vorschlag machen, Hoheit?"

„Nur zu, Corless."

„Im Augenblick stehen die Revisionen der Pachterträge Eurer Hoheit an, die mich bei meiner Arbeit sehr in Anspruch nehmen. Ich hätte kaum die notwendige Zeit für unsere Gäste. Deshalb möchte ich vorschlagen, dass der junge Robert

Dawson, der mir gut zur Hand geht, unsere Detektive herumführt und unterstützt. Er hat sie gestern Abend vom Bahnhof abgeholt."

„Gut, gut, Corless. Tun Sie, was Sie für richtig halten. Aber achten Sie auf äußerste Diskretion. Wir wollen doch nicht, dass durch einen Dummejungenstreich die Monarchie gefährdet wird, nicht wahr."

Ich dachte bei mir, dass dumme Jungen selten Zugang zu abgetrennten Händen haben dürften.

Nach der Audienz bekamen wir im Vorraum der Bibliothek Erfrischungsgetränke gereicht und Holmes erhielt die Erlaubnis, sich seine Pfeife anzustecken.

„Nun, Mr. Holmes. Wie wollen Sie vorgehen?", fragte der Sekretär, der unruhig hin und herging, da offensichtlich Berge von Arbeit auf ihn warteten.

„Ich denke, wir müssen uns das ominöse Objekt, die, wie soll ich sagen, eiskalte Hand, einmal ansehen und sie genau unter die Lupe nehmen. Ich hoffe, dass sie uns weiterbringen wird."

„Einverstanden, meine Herren. Ich werde George, den Butler seiner Hoheit bitten, Sie zu dem Aufenthaltsort des Körperteils zu führen. Er liegt im tiefsten Keller, den wir haben, unter dem „Tour des Chevaliers", welcher den ältesten, noch normannischen Teil des Schlosses darstellt. Der Zugang zum Turm befindet sich an einer kleinen Pforte, die in den Privatgarten Ihrer Hoheit zu Füßen des Turms führt. Sie können den Turm nicht verfehlen, er trägt die königliche Flagge. Wir sprechen uns dann später."

Obwohl die Beschreibung eindeutig und der Turm nicht zu übersehen war, verliefen wir uns gründlich, denn das Schloss war von einem Gewirr von Mauern, Gräben, kleinen Gärten und Heckenlabyrinthen umgeben, sodass wir mehrfach die Orientierung verloren, bis wir zu der vereinbarten Stelle kamen. Mit stoischer Ruhe hatte sich George, der Butler, neben der Tür aufgestellt, wartete, bis wir nähergekommen waren, und begann dann an einem riesigen rostigen Schlüsselbund zu nesteln, um den richtigen Schlüssel zu finden. Unsere Geduld wurde auf eine Bewährungsprobe gestellt.

Hinter der Mauer lag zu Füßen des Schlossturms, dessen Fundamente aus riesigen unbehauen Blöcken bestanden, ein in Terrassen angelegter Garten, den man im ehemaligen Burggraben angelegt hatte und der jetzt im Frühjahr mit seinen geharkten Beeten und beschnittenen Rosen merkwürdig kahl und abweisend wirkte. Er besaß eine Quelle, deren Wasser in Kaskaden herabfloss, um schließlich von einem Rohr aufgenommen zu werden, das in der Tiefe verschwand.

Das Ritual, mit dem George nach dem Schlüssel suchte, wiederholte sich, sodass Holmes ungeduldig bat, selbst die Tür im Turm öffnen zu dürfen. Dann ließ er sich den Weg zu der Zelle erklären, in der die Silberglocke nach Georges Worten aufbewahrt wurde.

Innen im Turm roch es moddrig, die Luft war kalt und ein merkwürdiger Luftzug ließ uns frösteln. Wir nahmen zwei Lampen, die neben der Tür standen, und leuchteten nach oben, wo sich das dürftige Licht im Gewölbe der hohen Decke verlor. Rechts führte eine Treppe aus Steinstufen in die Tiefe und mir kam der Gedanke, dass man hier ohne Schwierigkeiten verloren gehen konnte, ohne dass jemand etwas bemerkte. Tropfen von Kondenswasser fielen auf uns herab, das steinerne Geländer war glitschig und Moos und Algenfäden hingen von der Decke hinunter. Rundung um Rundung führte die Treppe in die Tiefe, um in einem blinden Schacht zu enden, von dem verliesartige Kammern abgingen. Auf dem Boden stand ein niedriger Wasserfilm und wir mussten gut aufpassen, nicht auszurutschen. Die zweite Zelle auf der rechten Seite ließ sich mit einem Schlüssel öffnen, der nach Georges Worten für alle Schlösser passte.

Mir war es unwohl hier unten, obgleich ich in meinem Leben alles gesehen hatte, was Menschen zustoßen kann, aber Holmes hatte einen angestrengten und entschlossenen Zug um den Mund, jetzt endlich den ersten Schritt zur Lösung des Rätsels zu machen. In dem Kellerraum standen mehrere mannshohe eiserne Tonnen, die durch Rohre für Frischwasser miteinander verbunden waren und in denen Eisblöcke schwammen. Auf einen dieser Quader hatte man die Servierplatte mit der Silberglocke gestellt. Holmes nahm sie so vorsichtig herab, als hätte er die Kroninsignien in der Hand, und stellte sie auf eine hölzerne Kiste.

Ich hatte unter dem Deckel ein kleines morbides Kunstwerk erwartet, aber als Holmes die Silberkuppel abnahm, bot sich darunter ein Bild der Verwüstung. Man konnte vermuten, dass die Herzogin beim Anblick des furchtbaren Objekts den Behälter samt Inhalt umgestoßen hatte und dass der Diener die Teile aufgesammelt und wahllos wieder unter der Silberkuppel platziert hatte. Das Drahtgeflecht, welches die drapierte Hand wie ein Gerüst stützen sollte, war zu einem Knäuel verbogen, die weiße, blutleere Hand lag auf dem Rücken und durch ein Loch in der Serviette um den Stumpf konnten wir die Schnittfläche sehen. Das Papier, auf welchem nach dem Bericht von Mr. Corless ein Schriftzug zu erkennen gewesen war, wirkte aufgeweicht und von der verwischten Tinte überzogen, sodass nichts mehr zu lesen war. Ein Schälchen, das die rote Tintenfarbe enthalten hatte, war umgestoßen und zeigte nur noch angetrocknete Reste der wie Blut wirkenden Farbe.

„Nun, was halten Sie davon?", fragte Holmes mich, nachdem er die abgetrennte Extremität mit einer Lupe untersucht und sie mit einer Pinzette hin- und hergedreht hatte.

„Ich denke, dass es eine weibliche Hand ist", fasste ich meine Eindrücke zusammen und kam mir wie in einem Examen vor, „und dass sie eher von einer zierlichen Person stammt. Die Schnittfläche ist sehr sorgfältig präpariert, nichts spricht also für einen Akt der Raserei wie bei einem Gewaltverbrechen. Es könnte also sein, dass sie erst nach dem Tod vom übrigen Körper abgetrennt wurde."

„Sehr gut, Watson, Sie haben ihre anatomischen Lektionen gelernt. Und leider muss ich sagen, dass sie sonst nichts preisgibt. Die Haut löst sich ab, ist mazeriert und aufgequollen wie die Haut einer Waschfrau. Sie sagt uns nichts über die Person, der sie einst gehört hat, mit Ausnahme der Tatsache, dass sie eine Rechtshänderin gewesen sein musste. Sehen Sie die kleine, von Tinte schwarz gefärbte Schwiele am Zeigefinger, wo immer der Griffel anliegt. Wir können nur hoffen, dass wir das Papier bergen und trocknen können. Ich habe einige chemische Experimente in der Hoffnung gemacht, mit dem erzeugten Pulver die verwischte Schrift wieder lesbar zu machen. Helfen Sie mir bitte!"

Holmes hatte eine Faltmappe mitgebracht, die trockene, äußerst dünne Leinentücher enthielt, und gemeinsam schafften wir es, vorsichtig in Millimeterschritten den Bogen von der silbernen Unterlage abzuziehen und ihn auf dem Stoff zu entfalten.

„Heute Abend lade ich sie zu einer kleinen chemischen Vorführung ein, Watson. Hier können wir nichts mehr tun."

Wir legten alles wieder so hin, wie wir es vorgefunden hatten, verschlossen sorgfältig den Raum und atmeten tief durch, als wir wieder im Freien standen, wo George auf uns gewartet hatte.

Weitere Ermittlungen

„Wie lange stehen Sie schon in Diensten Seiner Hoheit?", fragte Holmes den Butler, als er mit uns zum Haupteingang des Schlosses zurückging. Wir durchquerten als Abkürzung den Rosengarten, der jetzt im Frühjahr kahl wirkte, mit der nackten Erde und den dornbesetzten knorrigen Stümpfen der geschnittenen Rosenbüsche, die wie Skelette aus dem Boden ragten.

Die Antwort auf Holmes Frage ließ auf sich warten, da George genaue Berechnungen anzustellen schien.

„Zwanzig Jahre, acht Monate und zwei Tage", bemerkte er schließlich.

„Und Seine Hoheit sind mit Ihrer Arbeit zufrieden."

„Das zu beurteilen steht mir nicht an, Sir. Aber ich nehme an, dass Seine Hoheit keinen Anlass zu klagen hat."

„Wenn Sie schon solange auf Burlington Hall leben und arbeiten, stehen Sie sicherlich der Familie und den zahlreichen Angehörigen nahe und haben Einblicke in das Geflecht der Beziehungen der verschiedenen Mitglieder untereinander?"

„Ja, Sir", bemerkte der Butler und machte keine Anstalten, auf Holmes Vermutung weiter einzugehen, da er sie für einen Gemeinplatz und für eine Selbstverständlichkeit hielt.

„George", sagte Holmes mit beschwörender Stimme und blieb stehen, „ich kann ihre Diskretion und Vorsicht gut nachvollziehen. Aber ich kann Ihnen versichern, dass Seine Hoheit sich des Ernstes der Lage bewusst ist und dass wir sein volles Vertrauen genießen. Er hat uns freie Hand bei unseren Ermittlungen gelassen. Bedenken Sie bitte, was diese unappetitliche Episode bedeutet, wenn bekannt wird, dass sie sich in der königlichen Familie ereignet hat, in unmittelbarer Nähe des Sitzes Ihrer Majestät. Noch können wir verhindern, dass sich Gerüchte breitmachen, die das Ganze zu einer Staatsaffäre aufbauschen würden, aber wir müssen bald den Übeltäter finden. Viel Zeit bleibt uns nicht. Auf der Hinfahrt nach Burlington Hall hat sich bereits ein Journalist auf unsere Fersen geheftet und ich konnte ihn nur mühsam abschütteln. Bitte helfen Sie uns, George."

„Wie, Sir?"

„Schildern Sie uns Ihren Tagesablauf an dem besagten Morgen und zeigen Sie uns Ihren Arbeitsplatz. Ist Ihnen etwas aufgefallen?"

„Folgen Sie mir bitte, meine Herren!"

Wir betraten die große Halle von Burlington Hall durch einen Nebeneingang, folgten George, der im Rhythmus eines Metronoms über die Treppe in die zweite Etage stieg, wo die Schlaf- und Aufenthaltsräume seiner Herrschaft lagen, zu denen nur er und einige enge Vertraute direkten Zugang hatten. Eine ganze Flucht von Gemächern lag vor uns, deren Zweck für uns nicht erkennbar war, sodass George zu einigen ausschweifenden Erklärungen ansetzte.

„Ich bin wie immer", fuhr er fort, „auch an diesem Tag um fünf Uhr dreißig aufgestanden und habe in der Küche der Bediensteten einen Morgenkaffee getrunken. Dann bereite ich im Nebenraum, der sich diesem Kabinett anschließt, die Garderobe für den Tag vor, wobei Mr. Corless mir einen Zettel bringen lässt, auf dem die Termine Seiner Hoheit für den Tag vermerkt sind, damit ich die passende Kleidung heraussuchen kann. Als Nächstes glätte ich die Zeitungen mit einem speziellen Bügeleisen und überprüfe, ob die Druckerschwärze gut eingezogen ist. Um Halbacht hole ich das Frühstück vom Speisenaufzug und trage das Geschirr in das Speisezimmer, in dem Seine und Ihre Hoheit das erste Frühstück einnehmen. Der Tisch ist bereits am Abend vorher von einem Küchenmädchen eingedeckt worden und ich überprüfe nur die korrekte Stellung von Teller, Tassen und Besteck mit meinem Spezialzollstock."

Er zeigte uns sein abgegriffenes Exemplar, an dem mittels Kerben die korrekten Abstandsmaße markiert waren.

„Und es war alles so wie immer?"

„Ja, Sir, absolut. Ich habe Mrs. Owen, die Aufseherin der Küche befragt. Sie hat mir geschworen, die Speisen unter den Silberglocken genau kontrolliert zu haben, bevor sie sie in den Aufzug schob."

„Kann man den Aufzug unterwegs anhalten?"

„Nein, Sir, ich glaube nicht."

„Was haben Sie dann gemacht?"

„Ich habe wie immer die abgedeckten Platten auf den Rollwagen gestellt und bis zu dem kleinen Treppenabsatz geschoben, den Sie dort vor sich sehen."

Wir folgten George.

„Ich nehme hier die Teller hoch, trage sie die wenigen Stufen nach oben und stelle sie auf den nächsten Wagen, um sie dann ins Speisezimmer zu bringen, wo ich sie auf der Anrichte im Vorraum absetze. Ich überprüfe noch einmal alles, ordne die Blumen, öffne eines der Fenster, um zu lüften, und bin dann Seiner Hoheit beim Ankleiden behilflich. Er kommt immer als Erster zum Frühstück, während es Ihre Hoheit schätzt, etwas länger zu schlafen."

„Also alles wie immer?"

„Alles wie immer, Sir. Bis auf den kleinen Mann, der mir an diesem Tag geholfen hat."

Holmes erstarrte und ich blickte wie elektrisiert den Butler an.

„Um Himmels willen. Welcher kleine Mann hat Ihnen geholfen?"

George schien unsere Erregung nicht zu verstehen.

„Er sagte, er sei der Butler von Kardinal Mansfield. Der Kardinal hielt sich nach den Geburtstagsfeierlichkeiten Seiner Hoheit vor zwei Wochen noch in Burlington Hall auf, weil er zwischendurch erkrankt war. Mittlerweile ist er genesen und wieder abgereist. Ich sage sicher nicht zu viel, wenn ich behaupte, dass seine Eminenz noch in jedem Jahr einen Grund gefunden hat, seinen Aufenthalt bei uns zu verlängern."

„Es stand also plötzlich ein Fremder neben Ihnen, der behauptete, Diener einer Ihnen bekannten Person zu sein, und Sie wurden nicht misstrauisch?"

„Nein, Sir", antwortete George treuherzig. „Ich hatte keinen Zweifel. Er benahm sich wie ein Diener, war gekleidet wie ein Diener und sprach wie ein Gentleman, allenfalls mit einem Akzent, der mir nicht vertraut war."

„Wie ist er dann hier hereingekommen? Wo haben Sie ihn getroffen? Der Zugang zu den Privaträumen der herzoglichen Familie ist Tag und Nacht durch Wachen geschützt und alle anderen Türen in diesen Trakt sind nach Ihren Worten verschlossen."

George dachte nach, fand keine Erklärung und zuckte mit den Schultern.

„Wie groß war der Mann?"

Der Butler zeigte auf die Mitte seiner Brust, woraus ich auf etwa fünf Fuß schloss.

„Führen Sie uns bitte in den Speiseraum, George."

Der Saal war nicht besonders anheimelnd, wenig Mobiliar, eine verschlissene blutrote Tapete, deren chinesische Muster und Szenen dem Salon seinen Namen gaben, und zahllose Gemälde mit Familienporträts an den Wänden, die man aus Pietät hatte hängen lassen. Mich hätte der Blick aus hundert Augen von den Wänden beim Frühstück sehr gestört.

„Hatten Sie eines der Fenster geöffnet?"

„Oh ja, Sir. Seine Hoheit besteht auf Frischluft."

„Welches?"

„Das Mittlere in der Westwand neben dem blinden Spiegel."

Holmes trat an die Wand und öffnete ein Fenster. Ich stellte mich neben ihn. Wir konnten weit ins Land sehen und unter uns lagen einige Dutzend Fuß Mauerwerk, die ein Mensch kaum besteigen konnte. Ein Sims führte auf gleicher Höhe unter den Fenstern dieser Schlossetage entlang, auf dem ein zierlicher Mensch Halt finden konnte. Holmes lehnte sich weit hinaus, sodass ich schon Sorge um sein Gleichgewicht äußerte. Er bog sich, gelenkig wie er war, zurück und zeigte mir, was er gefunden hatte. Es war ein lehmiger Erdklumpen, der den Abdruck eines Schuhs bewahrte.

„So ist er hereingekommen, hat die Silberglocken vertauscht und ist dann auf ganz normalem Wege verschwunden. Und zwar von oben. Welche Räume befinden sich über uns?"

„Nach Norden die Zimmer Ihrer Hoheit, nach Süden der Aufenthaltsraum und die Schlafzimmer der beiden jungen Prinzen, die jetzt aber nicht mehr im Haus leben."

„Danke George, Sie haben uns sehr geholfen. Wir wissen

langsam, wonach wir suchen müssen." Die Miene des Dieners blieb unbewegt.

„Ich möchte Sie nur bitten, dass Sie mit derselben Sorgfalt, mit der Sie das Geschirr auf dem Frühstückstisch vermessen, beobachten, ob sich etwas Merkwürdiges und Ungewöhnliches ereignet und es mir sogleich berichten. Kann ich mich darauf verlassen?"

„Ja, Sir, natürlich", betonte George mit fester Stimme, die vermutlich nur sein Unverständnis übertönen sollte, und verließ den Speisesaal.

„Was nun, Holmes?"

„Wir werden wohl als Nächstes einen Krankenbesuch machen müssen. Ich möchte die alte Kinderfrau der Herzogin sehen."

Man muss gesunde Beine haben, um in einem Schloss von diesen Ausmaßen leben und arbeiten zu können. Wir mussten zum „Tour des Chevaliers" zurückgehen, neben dem sich von außen kaum erkennbar das Treppenhaus befand, über das die Dienerschaft zu ihren Räumen in der Mansarde des Westflügels gelangen konnte. Robert Dawson, der Gehilfe von Mr. Corless, hatte sich zu uns gesellt, als wir die große Schlosshalle durchquerten, stumm unseren Wunsch angehört und begleitete uns nun zu der Kinderfrau der Herzogin, die nach ihrem Unfall in ihrem Zimmer gepflegt wurde.

„Sie werden einen Augenblick auf dem Gang vor dem Zimmer warten müssen", erklärte er uns, „denn um diese Zeit macht Sir William Mason, der königliche Leibarzt, immer seine Visite. Für die Bediensteten ist sonst Dr. Fox aus dem Dorf zuständig, aber die Herzogin hat um dieses besondere

Vorrecht für ihre alte Kinderfrau gebeten. Na, wenn es denn wirklich ein Privileg ist ...", murmelte er mehr zu sich als zu uns.

Wir stiegen gemeinsam die fünf Etagen bis ins Dachgeschoss hoch und Dawson zeigte uns die Stelle, an der Mrs. Smith vor einigen Tagen nach Mitternacht gestürzt und sich so schwer verletzt hatte. Die Stufen unterschieden sich in nichts von denen der übrigen Treppe, und Holmes, der stehen blieb und alles sorgfältig musterte, konnte nichts Auffälliges beobachten. Als wir den schmalen, dunklen Flur betraten, an dem die Kämmerchen des Personals lagen, verließ gerade ein groß gewachsener Mann das Zimmer mit der Aufschrift „Mrs. Deborah Smith."

„Der königliche Leibarzt", flüsterte Dawson und stieß mich mit dem Ellenbogen an.

„Auf ein Wort, Sir", hielt Holmes ihn auf, bekam aber aus dem hochmütigen Gesicht mit den schmalen Lippen nur einen eisigen Blick.

„Wer sind Sie? Mich werden Sie wohl kennen?"

„Mein Name ist Higgins und das ist Mr. Wilkins. Wir sind von Seiner Hoheit beauftragt, einige mysteriöse Vorgänge in diesem Haus zu untersuchen. Wie ist der Zustand der Kranken? Mr. Wilkins", Holmes zeigte auf mich, „ist übrigens Kollege."

„In meinem Rang, werter Herr, gibt es keine Kollegen, allenfalls leidige Konkurrenten."

Der Leibarzt hatte eine unangenehme, schrille und hohe Stimme und musterte mich kalt und ohne Interesse.

„Nun gut. Fünf Minuten werde ich erübrigen können. An dem Casus ist nichts mysteriös. Alte Menschen fallen nun mal.

Bruch der rechten Hüfte, beider Handgelenke und schwere Schädelverletzung. Seit gestern Pneumonie. Zwei Tage noch. Ich werde den Herzog informieren. Habe die Ehre, meine Herren. Bringen Sie mich nach unten, junger Mann!"

Mr. Dawson gehorchte.

Was macht die alte Dienerin weit nach Mitternacht im Treppenhaus, wunderte ich mich und war mir sicher, dass Holmes dieselbe Überlegung angestellt hatte.

Im Krankenzimmer war es dunkel, die Vorhänge vor dem kleinen ovalen Mansardenfenster hatte man zugezogen. Eine Kerze gab etwas schummeriges Licht und verströmte zugleich einen wohltuenden Duft, der den Geruch des Krankenlagers weitgehend überdeckte. Auf dem Bett lag eingehüllt von Kissen und Decken eine alte Frau, der man Gesicht und Hände verbunden hatte. Auf ihren eingefallenen Zügen hatte der Tod begonnen, sich in der erstarrten Miene festzusetzen. Sie war tief bewusstlos und atmete mit der Regelmäßigkeit einer Maschine. Ich war geneigt, der Einschätzung des Leibarztes zu folgen.

Im Hintergrund des Zimmers stand eine Pflegerin und war mit Wäschearbeit beschäftigt. Sie begrüßte uns freundlich und erzählte, dass sie aus dem St. John's Hospital komme, das der Herzog jährlich mit einer überaus großzügigen Gratifikation bedenke. Man habe sie gebeten, die Pflege der alten Dienerin zu übernehmen.

„Ist Ihnen in den vergangenen Tagen etwas Besonderes aufgefallen, Schwester", wollte Holmes wissen, „auch wenn es Ihnen auf den ersten Blick nichtig erscheinen mag. Wilkins und ich ermitteln in einigen seltsamen Vorfällen hier im Schloss und jeder kleine Hinweis könnte uns helfen."

„Nun, ein Vorgang ist merkwürdig. Mrs. Smith ist vorgestern ganz kurz aufgewacht. Sie war sehr verwirrt und erregt und hat immer ‚Spiegel, Spiegel' gerufen. Seitdem ist sie wieder tief bewusstlos. Ich kann damit nichts anfangen, wir haben keinen Spiegel hier im Zimmer."

„In der Tat merkwürdig", bestätigte Holmes und wir wandten uns zum Gehen. Vor dem Treppenhaus holte uns die Krankenschwester ein und blickte sich um, ob jemand mithören könne.

„Ich bin nicht abergläubisch oder geschwätzig, Mr. ... !"

„Ho ... Higgins." Holmes versuchte, seinen Versprecher in einem Niesen zu verbergen.

„Aber gestern Nacht ist etwas noch Seltsameres geschehen. Ich löste um drei Uhr morgens eines der Mädchen ab, die sich mit mir bei der Nachtwache abwechseln. Das junge Ding war schon etwas eher gegangen, die Kammertür stand offen, was ich aus der Entfernung trotz des langen Korridors gut sehen konnte, da der Mond so hell schien. Plötzlich sah ich ein schattenhaftes Wesen aus dem Zimmer kommen und hinter der nächsten Ecke verschwinden. Genaueres konnte ich nicht erkennen, aber ich glaube, dass es ein kleiner Mann mit einem großen Zylinder war."

Holmes und ich sahen uns an.

„Ich bin nicht ängstlich und weiß mich zu wehren, denn ich bin mit vier Brüdern aufgewachsen. So eilte ich zum Ende des Gangs, schaute um die Ecke und lief hierher ins Treppenhaus. Eine Weile wartete ich, aber ich sah nichts und hörte nur die Schritte dieses kleinen Mannes auf der Treppe über mir. Ihm weiter zu folgen, habe ich mich dann doch nicht getraut. Aber ich lehnte mich über die Brüstung und schaute nach oben. Erst sah ich nichts, doch nach einiger Zeit erkannte ich, dass die Person, welche aus dem Zimmer gekommen war, von einer Seite des Geländers zur anderen sprang, ohne sich um die Tiefe des Treppenschachts in der Mitte, in den sie hätte fallen können, zu kümmern."

„Gut gemacht, Schwester", lobte Holmes, „ihre Beobachtung deckt sich mit anderen. Was befindet sich über uns?"

„Der erste Dachboden dieses Flügels, auf dem in Kisten die Naturaliensammlung des Herzogs aufbewahrt wird, wie ich mir habe sagen lassen. Darüber im Dachstuhl ist noch eine Etage, mit zahllosen Schränken und Verschlägen für einen mir unbekannten Zweck."

„Prächtige Verstecke", bemerkte Holmes. „Haben Sie in der fraglichen Nacht irgendeine Änderung im Zimmer der Kranken bemerkt?"

„Nein, Mr. Higgins. Ich habe nur eine seltsame Frucht gefunden, die der nächtliche Besucher verloren haben muss und die unter das Bett gerollt war."

„Haben Sie die Frucht noch?"

„Nein, ich habe dem keine Bedeutung beigemessen und sie weggeworfen. Sie war so groß wie ein Hühnerei, grün und hatte leicht stachlige feine Haare. Ich habe so etwas noch nicht gesehen."

Holmes bedankte sich und schärfte der Schwester ein, in den nächsten Tagen besondere Vorsicht walten zu lassen. Sie sollten möglichst zu zweit wachen, Türen und Fenster verschlossen halten und jeden ungewöhnlichen Vorfall ihm melden. Er werde sich beim Herzog dafür einsetzen, dass nachts eine Wache nach oben abkommandiert werde.

Ein Herrenabend

„Was haben wir bisher in Erfahrung bringen können", fragte ich Holmes und folgte so meiner Neigung, Erkenntnisse nach einem System zu sortieren, so wie ich es als Arzt bei der Diagnosestellung gewohnt war.

„Nichts", sagte Holmes.

Wir waren am frühen Nachmittag zur Alten Falknerei zurückgekehrt und hatten es wegen des schönen Wetters abgelehnt, uns von einem Wagen bringen zu lassen. Ein Spaziergang an frischer Luft ist wie eine Kräftigungsmedizin immer anregend und belebend.

„Nichts. Überhaupt nichts. Gar nichts", Holmes steigerte seinen Nihilismus und schwieg eine ganze Weile.

„Natürlich haben wir einige Hinweise", nahm er schließlich das Gespräch wieder auf, „aber es sind nur Bruchstücke, die kein Gesamtbild ergeben. Ein kleiner Mann, der gut klettern kann, ein verschwundenes Bild, eine abgetrennte Hand, ein Spiegel, eine fremde grüne Frucht. Nichts passt zusammen und muss doch einen Sinn ergeben. Vielleicht steht dahinter zum ersten Mal ein Geist, der größer ist als ich. Ich bin ratlos, wie wir weitermachen sollen. Das Rätsel der eiskalten Hand könnte meinen Niedergang bedeuten."

„So kenne ich Sie nicht, Holmes."

Nachdenklich waren wir an einer Wegkreuzung in einem Wäldchen stehen geblieben und ich bewunderte den Waldboden, der wegen des noch fehlenden Laubs der Bäume von

Sonnenstrahlen erreicht wurde und mit einem Teppich aus gelben und blauen Blüten bedeckt war.

„Ich glaube", fuhr Holmes fort, „dass die Herzogin in großer Gefahr ist. Aber wer wird schon auf die Vermutungen eines Mr. Higgins Wert legen?"

„Und wenn wir Seiner Hoheit dazu raten, dass die Herzogin zunächst nicht nach Burlington Hall zurückkehrt", schlug ich vor, „zumindest so lange, bis wir mit unseren Ermittlungen weiter gekommen sind?"

„Sie denken zu kurz, Watson. Könnte es sein, dass dies alles nur ein Manöver ist, um die Gattin des Herzogs aus dem Haus zu treiben, sodass der Täter oder seine Verschwörer leichtes Spiel haben, während wir hier einem kleinen Mann hinterherlaufen? Und wenn wir unsere Ermittlungen einstellen, würden die Verbrecher freie Hand haben, wenn wir abgereist sind. Wissen Sie was, Watson? Wir sind zum Weitermachen verdammt und zu einem Erfolg verurteilt."

„Wie sollen wir weitermachen, Holmes?"

Mein Freund malte mit seinem Spazierstock Kreise in den weichen Sandboden.

„Wir müssen in Erfahrung bringen, von wem die Hand stammt und wer sie hier eingeschleust hat. Und wir sollten die weitere Entwicklung mit allergrößter Vorsicht abwarten, um rechtzeitig zu reagieren. Lassen wir das Schicksal walten. Ich glaube, dass wir es mit einem Gegner zu tun haben, dessen Fähigkeiten wir nicht unterschätzen dürfen."

Als wir in Falconry ankamen, zog Holmes sich zurück und verbrachte den Nachmittag in einem Lehnstuhl vor dem Fenster des Wohnraums, den man uns zugewiesen hatte. Ich tat es mir an dem kalten Lunch mit Käse und Braten gütlich, trank ein Bier aus der eigenen Brauerei des Schlosses, das durchaus bekömmlich war, verbannte alle Gedanken an den Fall aus meinem Gehirn und hielt einen langen und erholsamen Mittagsschlaf.

Die Treppe vor dem Hauptportal des Schlosses war von Fackeln und Kerzen erleuchtet, als wir pünktlich zu der Abendveranstaltung erschienen. Es waren nur wenige Gäste geladen, hatte uns Mr. Corless erzählt, meistens Landadlige der Umgebung, mit denen der Herzog trotz seines hohen Standes oft und freundschaftlich verkehrte. Ein Diener empfing uns in der pompösen und kalten Eingangshalle, an deren Wänden Rüstungen und martialische Waffen angebracht waren, und brachte uns durch einige Gänge in einen gewärmten Salon, wo sich die Gäste des Abends vor dem Dinner versammelten.

Mr. Corless erwartete uns und machte auch in seinem Frack eine ausnehmend gute Figur. Er verzichtete, uns nach dem Fortgang der Untersuchungen zu befragen.

„Meine Herren, Seine Hoheit hat angewiesen, dass Sie an der Tafel links und rechts neben ihm sitzen. Ich möchte Sie daher mit einigen Personen bekannt machen, die ebenfalls in Nähe Seiner Königlichen Hoheit platziert sind."

Er schaute auf ein Kärtchen in seiner Hand, auf welchem die Sitzordnung vermerkt war. Wir wurden im Salon herumgeführt und verschiedenen Herren vorgestellt, von denen mir nur noch einige in Erinnerung geblieben sind. Darunter Professor Dawkins, der mit der Neuordnung der Naturaliensammlung des Schlosses beauftragt war, und Reverend Murray, der Seelsorger Ihrer Hoheit.

„Sie werden viel zu tun bekommen", sagte Mr. Corless mit

dem Hauch eines süffisanten Lächelns zu dem Priester, einem zierlichen Mann mit unreiner Haut, die er unter Schminke zu verbergen trachtete. „Ihre Hoheit wird in zwei Tagen zurückerwartet. Ihr Seelenleben dürfte durch die nervösen Anfälle in Schieflage geraten sein und sehr gelitten haben."

„Mein Auftrag ist mir Vergnügen und Ansporn", antwortete der Reverend vieldeutig und wandte sich ab.

„Mr. James Aberton hat sich leider entschuldigen lassen", erklärte der Sekretär. „Eine Indigestion. Nichts Ernsthaftes, sagte Professor Mason, der heute Abend übrigens auch anwesend ist. Er vertrage wohl das ungewohnte europäische Essen nicht."

„Bedauerlich", meinte Holmes, „wir hätten den jungen Mann gerne kennengelernt. Wir werden das sicherlich nachholen können."

Corless nickte zustimmend.

Plötzlich wurde es lauter im Salon. Ein unglaublich dicker Mann, dessen Taille über die Seiten des schmalen Sessels quoll, auf dem er saß, hatte sich die ganze Zeit mit den Umstehenden unterhalten und bei ihnen Lachsalven ausgelöst. Es war der damals sehr bekannte Earl of Stratham, der trotz seiner unverblümten Redeweise und Derbheit seines Witzes auf allen Gesellschaften gern gesehen war und selbst bei Hof empfangen wurde, obwohl er kein Blatt vor den Mund nahm.

„Genug palavert, Coventry", rief er in Richtung des Herzogs, der sich mit dem Hofarzt unterhielt, „wir haben Hunger."

Ein freundliches Lachen breitete sich wie ein Windzug im Salon aus. Der Herzog antwortete mit einer launigen Bemerkung über den Körperumfang seines Gastes, die dieser wie ein Kompliment zur Kenntnis nahm, und die Türen zum Speisesaal wurden geöffnet. Die Kellner waren noch hektisch damit beschäftigt, die Sitzordnung neu herzurichten, da neben dem Halbbruder der Herzogin noch ein weiterer Gast kurzfristig abgesagt hatte. Auf einem Podest in einer Ecke des riesigen Saales hatten Musiker Platz genommen und beendeten das Stimmen der Instrumente, als die ersten Teilnehmer des Banketts plaudernd und scherzend den Tisch erreichten. Der Herzog saß an der Nordseite der Tafel, Holmes und ich neben ihm, dann neben mir der Kustos der königlichen Sammlungen, Sir Oliver Lawrence, und zur Linken von Holmes Professor Dawkins.

Der erste Satz eines Streichquartetts erklang, das mir wegen meiner sehr ungenügenden musikalischen Bildung völlig unbekannt war.

„Zweites Rasumowsky-Quartett", sagte Holmes ohne weitere Erklärungen.

„Ah, Sie sind ein Kenner dieser schwierigen Materie, Mr. Higgins?", wunderte sich der Herzog.

„Nein, ganz und gar nicht. Ich sah nur die Noten auf einem kleinen Tisch neben dem Eingang liegen."

„So", resümierte der Herzog.

„Von welcher Agentur stammen Sie", fragte mich mein Tischnachbar, als wir mit der Suppe als erstem Gang fertig waren.

„Boyle und Jason in der Bondstreet", antwortete ich laut, damit Holmes es hören konnte.

Er blinzelte zurück, sodass die Botschaft angekommen sein musste. Die Detektivagentur gab es tatsächlich, aber bis man dort Erkundigungen über uns anstellen würde, dürfte der Fall abgeschlossen sein.

„So ein Aufwand für dieses Bild", meinte Sir Lawrence, „wo doch die Sammlungen mit einigen wirklichen Meisterwerken bestückt sind, natürlich van Dyck und Rubens." Er zeigte auf die Wand hinter dem Herzog, die von einem riesigen Familienporträt einer Adelsfamilie aus dem 17. Jahrhundert in Lebensgröße eingenommen wurde.

„Wahrscheinlich hat es einen hohen ideellen Wert", gab ich zu bedenken und Sir Lawrence nickte zustimmend.

„Ja, sicher. Zumal es das einzige Bild der Herzogin und ihres Halbbruders aus ihren frühen Jahren ist, soviel ich weiß."

„Können Sie es mir beschreiben?"

„Nun, sicher. Ich muss einen Augenblick nachdenken. Ja, ich hab's. Eine englische Parklandschaft im Hintergrund. Ihre Hoheit sitzt auf einer steinernen Bank, welche das Wappen der Abertons trägt, und liest in einem Buch, während ihr Bruder neben ihr steht und mit einer Rassel spielt. Links und rechts von den beiden mehrere Windspiele. Der Maler war für seine Hundedarstellung berühmt."

„Gab es etwas, das den Diebstahl erklärbar machen würde?"

„Der Rahmen schien mir das Wertvollste zu sein."

Sir Lawrence wandte sich zu seinem anderen Gesprächspartner und ich hatte Gelegenheit, Holmes Erkundigungen bei Professor Dawkins zuzuhören, der einen langen Monolog über die Systematisierung der Organismen und die neuesten Erkenntnisse der Abstammungslehre hielt.

„… und deshalb werden wir eines Tages begreifen, dass alle menschlichen Ausdrucksformen, von den elementaren Gefühlen bis hin zu dem höchsten kulturellen Schöpfungen, einem kausalen Ordnungsprinzip unterliegen und somit Ausdrucksformen der allgemeingültigen Naturlehre sind. Eine Sonderstellung des Menschen vermag ich nicht zu erkennen, allenfalls wundere ich mich über seine Fähigkeit, sich durch sein Verhalten den unterschiedlichsten Lebensbedingungen anzupassen und extreme Fähigkeiten zu erlernen. Denken Sie nur an einen Pianisten."

„Gilt dies auch für Tiere, besonders Säugetiere?", fragte Holmes aufmerksam.

„Natürlich, wenn sie versuchen, Fertigkeiten zu trainieren, welche diese Geschöpfe in ihrem Lebensraum benötigen und wenn sie bei der Dressur Lob und Tadel gezielt einsetzen. Ich glaube, dass die Anlage zum Lernen sehr universell ausgeprägt ist, wenn ich dies auch nicht beweisen kann. Und ich möchte noch weitergehen. Auch unsere Emotionen oder zumindest deren erkennbare Ausdrucksformen lassen sich auf wenige erlernte Grundmuster zurückführen und auch darin unterscheiden wir uns nur graduell von unseren …"

Der Rest ging im nächsten Satz des Streichquartetts unter. Der Earl of Stratham trommelte während der Musikeinlage ungeduldig mit den Fingern auf dem Tisch, als ob er fürchtete, eines seiner berüchtigten Bonmots nicht rechtzeitig anbringen zu können.

„Ich kenne noch einen Unterschied zwischen uns Menschen und den Viechern auf der Weide, Dawkins", setzte er mit dem Verklingen der letzten Note ein. „Bei denen dauert es Jahrtausende, bis aus Wildtieren zahme Haustiere werden. Bei uns schafft die Ehe das in einer Generation. Was meinst Du dazu, Coventry?"

Ein eisiger Blick aus den Augen des Herzogs hielt ihn vom Weiterreden ab.

„L'esprit, c'est moi", murmelte der Earl of Stratham kaum hörbar und behielt so das letzte Wort. Der Reverend wechselte das Thema.

„Wir müssen heute Abend unbedingt noch ein chemisches Experiment durchführen, Watson", sagte Holmes, als der Kutscher uns auf dem Rückweg vom Herrenabend an der Alten Falknerei abgesetzt hatte. Wir hatten uns gegen zehn Uhr nach dem Dinner verabschiedet und hatten den Eindruck, dass unsere Anwesenheit auf Burlington Hall auf kein besonderes Interesse gestoßen war, sodass wir unsere Ermittlungen ohne große Störungen durch Holmes Bekanntheitsgrad fortsetzen konnten.

Die Nacht war erstaunlich kalt, es würde Bodenfrost geben. Ich war erschöpft von der Anstrengung des Abends, uns nicht zu verraten und doch jede Bemerkung, die uns weiterhelfen könnte, im Gedächtnis zu behalten. Zum Glück brannte in Falconry der große Kamin in der Halle und ich freute mich auf mein Bett.

„Muss das sein, Holmes?", fragte ich meinen Freund gereizt, von dem jede Müdigkeit abgefallen schien.

„Unbedingt, Watson", bekam ich unwirsch zur Antwort. „Vertrauen Sie mir. Wir müssen versuchen, die Botschaft auf dem Papier zu entschlüsseln, welches unter der abgetrennten Hand lag und nun völlig aufgeweicht ist. Erinnern Sie sich an einen der letzten Nachmittage in der Bakerstreet, als ich mir die Finger verbrannte?"

Holmes zeigte mir seine mit abgetrockneten Blasen besetzten Fingerkuppen.

„Ich habe schon früher über die Sichtbarmachung verborgener Schriften geforscht und verschiedene Pulver zu diesem Zweck entwickelt. Unser heutiges Problem ist einfach. Geben Sie mir recht, dass die Konzentration der Tinte und des Farbstoffs dort am höchsten ist, wo sie aufgetragen wurde?"

Ich nickte, hätte bei meiner Müdigkeit aber auch jede andere halbwegs vernünftige Frage bejaht.

„Nun, um so besser", fuhr Holmes fort. „Durch die Nässe wird die Schrift nur für unsere unfähigen Augen unsichtbar und deshalb müssen wir etwas nachhelfen."

Wir gingen in die Küche, wobei Holmes mich ermahnte, leise zu sein, damit wir unsere Haushälterin, die sich zurückgezogen hatte, nicht aufwecken. Alles war aufgeräumt und blitzblank, die Kupferkessel auf dem Bord leuchteten und spiegelten die Flammen der Kerzen, die ich anzündete. Im Ofen war noch Glut, die wir schnell mit ein wenig Holz anfachen konnten. Holmes ließ etwas Wasser kochen, um zu prüfen, dass die Herdplatte genügend Temperatur hatte.

„Wir haben nur einen Versuch", sagte Holmes ernst, „weil das Papier bei dem Experiment unwiederbringlich zerstört wird."

Meinen Einwand, dass wir ein wesentliches Beweismittel vernichten würden, tat er unwirsch und verächtlich ab. Wer außer ihm sollte die Schrift sichtbar machen können? Vorsichtig nahm er das weitgehend trockene Blatt aus der Aufbewahrungsmappe, das jetzt wie mit einer roten Aquarellfarbe überzogen schien. Aus einem Salzstreuer – er hatte einen vom Tischgeschirr von Mrs. Hudson eingesteckt – streute er ein körniges, graues und wenig eindrucksvolles Pulver darüber und schüttelte das Blatt hin und her, um es gleichmäßig mit der Substanz zu bedecken. Die Einwirkzeit der Chemikalie kontrollierte er mit seiner Taschenuhr und wurde erst ein wenig hektisch, als er zunächst kein Tuch finden konnte, das schließlich wenig angefeuchtet auf das Papier gelegt werden musste, nachdem es zuvor mit einer flüssigen Substanz, die schweflig roch, behandelt worden war.

„Sehr gut, sehr gut", murmelte Holmes, als der Bogen nun eine schmutzige, braune Tönung annahm.

„Kommen Sie, Watson, keine Müdigkeit", spornte er mich an. „Stellen Sie sich an die eine Seite des Herds, ich bleibe hier stehen."

Vorsichtig, als hätte er eine mittelalterliche Urkunde in der Hand, legte Holmes das Blatt auf die heiße Herdplatte. Wie nicht anders zu erwarten, löste es sich von der Mitte aus in Asche und Rauch auf und eine Spur der Verbrennung zog sich zu den Rändern, die anfingen, sich aufzurollen. Ich wollte Holmes schon wegen des Misserfolgs trösten, da erschienen einige Buchstaben, die ich jedoch nicht zu Worten zusammenfügen konnte, bis ich vier große Zeichen am Oberrand des Blatts erkannte: „Lili" war für einen Moment zu lesen, bevor alles zu verbrannten Krümeln zerfallen war.

„Ich hatte das erwartet", sagte Holmes ungerührt, „und brauchte nur den sicheren Beweis. Die Herzogin heißt Elisabeth mit Vornamen, Lili dürfte ihr Kosename sein. Man wollte ihr einen ordentlichen Schreck einjagen."

„Aber das allein ist kein Verbrechen."

„Das kommt noch, Watson", sagte Holmes und dann beseitigten wir die Spuren unserer nächtlichen Aktion in der Küche.

Die alte Königin

Wer uns am kommenden Morgen im Speisezimmer von Falconry sah, konnte meinen, wir hätten die Junggesellenwohnung aus der Bakerstreet hierher verlegt. Zwei tiefe Lehnsessel waren vor dem großen Fenster aufgestellt, das weit offen stand und Frühlingsluft und Sonnenstrahlen aus dem Garten in den Raum hereinließ. Wir hörten Vogelgezwitscher, Kaffeeduft stieg uns in die Nase, und man hätte uns für Ausflügler halten können, die einige Tage dem Lärm und Gestank, den Menschenmassen und der Unruhe einer Großstadt entkommen wollten.

Am späten Vormittag hatten wir unser reichliches, sehr ländliches Frühstück gerade beendet, Holmes hatte sich seine Pfeife angezündet und ich meine kostbare Zigarre, die uns nach dem Dinner am Vortag überreicht worden war und die ich für heute aufbewahrt hatte. Sogar eine Ausgabe der Times vom gestrigen Tag lag bereit, die nach Angabe unserer Haushälterin per Boten nach Burlington Hall zugestellt wird.

Gegen Mittag machte Mr. Corless uns seine Aufwartung. Er schien nach den Aufregungen der letzten Tage wieder beruhigt und besonnen und hatte sich trotz der anfallenden Arbeit einen morgendlichen Spaziergang zu uns nach Falconry gegönnt.

„Seine Hoheit hat mich beauftragt", begann er, als er Platz genommen und eine Tasse Kaffee nicht abgelehnt hatte, „zu prüfen, ob alles zu Ihrer Zufriedenheit ist und ob wir noch etwas zur Verbesserung ihres Komforts beitragen können."

Wir verneinten einstimmig und dankten für die vorzügliche Unterbringung.

„Zudem lässt Seine Hoheit Ihnen mitteilen, dass ihre Anwesenheit auf Burlington Hall auf sein besonderes Wohlwollen stößt, nachdem er sich gestern Abend von Ihnen ein genaueres Bild machen konnte. Er bittet Sie, Ihren Aufenthalt auf Burlington Hall als nicht begrenzt anzusehen. Allerdings hat er den verständlichen Wunsch, über neue Entwicklungen in dieser unerquicklichen Sache als Erster informiert zu werden. Zudem möchte er Ihnen versichern, dass Sie sich seiner Hilfe jederzeit sicher sein können."

Holmes nickte zustimmend.

„Vielleicht können Sie mir eine Frage beantworten, die mich nicht loslässt", fragte er den Sekretär, der wieder aufbrechen wollte. „Werden in der Küche des Schlosses häufiger exotische Früchte verwendet?"

„Ich kann diese Frage weitgehend verneinen, Mr. Holmes", antwortete Mr. Corless ohne Erstaunen über den merkwürdigen Gedanken meines Freundes. „Sämtliche Bestelllisten und Rechnungen werden von mir geprüft und gegengezeichnet. Mir sind keine Besonderheiten bei den Lebensmitteln aufgefallen, zumal unsere erste Köchin die heimische Landküche eindeutig bevorzugt. Allerdings bauen wir einige Zitrusfrüchte in unserer Orangerie an, sie dienen bei ihrer geringen Qualität jedoch mehr der Dekoration."

Holmes dankte und schien die Antwort erwartet zu haben.

„Ach ja, meine Herren, eh ich es vergesse", wandte sich der Sekretär des Herzogs im Gehen noch einmal an uns, „heute Nachmittag werden Sie im Park des Schlosses zu einem Gespräch mit einer ebenfalls sehr hochstehenden Person eingeladen. Der Ort wurde gewählt, um, wie soll ich sagen, die Zahl der Zeugen des Gesprächs zu minimieren. Man erwartet Sie um drei Uhr am Eingang zum Labyrinth, den Sie kaum verfehlen dürften, da er durch einen kleinen Pavillon geschützt ist. Ich werde Ihnen rechtzeitig einen Wagen schicken. Guten Tag. Mr. Holmes. Mr. Watson."

Eine Weile stiegen aus Holmes Lehnsessel graue Rauchwölkchen gegen die Zimmerdecke auf. Erst als er die Pfeife neu anzünden muste, bemerkte er, dass ich neben ihm saß, und musterte mich prüfend.

„Sie sollten nicht alles glauben, was man Ihnen hier vorspielt, Watson. Der prachtvolle Landsitz, der edle Herzog, ein Mitglied der königlichen Familie, seine alles in allem glückliche Ehe, der seriöse Sekretär mit seinen gewählten Worten, die durch sein vorzügliches Auftreten und Aussehen noch mehr an Wahrheit und Würde erhalten. Es könnte alles so sein und auch wieder nicht, nur eine Kulisse, ein Bühnenzauber, hinter dem sich schwere Konflikte und tief gehende Aversionen verbergen. Bleiben wir objektiv und betrachten wir alle Ereignisse von verschiedenen Seiten", schloss er mahnend seine Worte, die er auch an sich selbst zu richten schien.

Ich wollte etwas sagen, doch er bat mich, zu schweigen.

„Mir geht die exotische grüne Frucht nicht aus dem Kopf", erklärte er, „sie und die abgetrennte Hand sind des Rätsels Lösung."

Der Wagen setzte uns pünktlich an einer der Pforten zu den Gärten von Burlington Hall ab und der Kutscher beschrieb uns den Weg zum Labyrinth, da er die gepflegten Wege nicht mit seiner schweren Kutsche befahren durfte. Wir sahen keinen Menschen, nur auf dem See zog einsam und träge ein Schwanenpärchen seine Runden, und die einzigen Geräusche waren unsere eigenen knirschenden Schritte auf dem Kiesbelag. Der Pavillon an dem riesigen Heckenlabyrinth, der als Treffpunkt vereinbart war, stand leer und wir glaubten schon an ein Versehen oder gar an einen Hinterhalt, da wir ein prächtiges Ziel für einen im Gebüsch versteckten Schützen abgaben. Doch plötzlich löste sich ein groß gewachsener Mann in einer fremdländischen Tracht aus einer der Nischen, die in regelmäßigen Abständen in die Außenwand des Labyrinths eingefügt waren. Erschreckt wandten wir uns zu ihm und waren noch mehr erstaunt, als wir sahen, dass er eine winzige alte Frau in einem abgegriffenen und wenig komfortablen Rollstuhl vor sich herschob, die in ein graues und leicht fleckiges Plaid gehüllt war. Holmes gewann zuerst seine Fassung zurück.

„Maje .., Majes .., Majestät", stotterte er und nahm seine Mütze ab. Ich tat es ihm mit meinem Hut gleich, schwieg aber voller Ehrfurcht.

„Ma'am genügt als Anrede, Mr. Holmes", erklärte die Königin ohne einen Tadel und ich war über ihre kraftvolle und würdige Stimme erstaunt, die so sehr im Gegensatz zu ihren körperlichen Gebrechen zu stehen schien.

„Und Sie dürfen jetzt wieder Ihren Mund schließen, meine Herren", ergänzte sie lächelnd.

Ein einziges Mal hatte ich die Königin vor vielen Jahren bei einer Parade in ihrer Kutsche gesehen und sie schien mir damals allen menschlichen Verhältnissen weit entrückt, sodass unser Erstaunen durch die Diskrepanz zwischen dem glorreichen Ansehen der Königin und der anscheinend traurigen Gegenwart der alten Frau in ihrem Rollstuhl zu begründen war.

„Schieb mich zu meinem Lieblingsplatz bei den Fischteichen", sagte sie zu ihrem Diener, wobei sie sich zu ihm umdrehte und jedes Wort langsam mit den Lippenbewegungen betonte. Jetzt erst beachteten wir den Mann unbestimmten Alters hinter ihr, der offensichtlich aus Indien stammte und ihren Rollstuhl so leicht und vorsichtig schob, als säße ein Kind in ihm.

„Sanjay ist taubstumm", erläuterte sie, „er ist das Geschenk eines indischen Maharadschas und mir treu ergeben. Wehe dem, der mich angreifen wollte. Sanjay, zeig deine Arme."

Sie machte ihm mit den Ärmeln ihres Mantels vor, was sie von ihm erwartete, und er tat es ihr vieldeutig lächelnd gleich. Gestählte Unterarme kamen zum Vorschein und ich konnte mir gut vorstellen, dass sie sich wie der Leib einer Würgeschlange um den Hals eines Opfers winden konnten, der dann keinen Laut mehr zustande brächte.

„Gehen Sie rechts und links neben mir, meine Herren und sprechen Sie geradeaus, ohne sich umzuwenden", befahl die Majestät, „Sanjay kann dann nichts von Ihren Lippen ablesen. Er ist ein Meister darin, aber er muss nicht alles mitbekommen, was wir zu besprechen haben."

Wir kamen auf einen breiteren Weg mit festem Belag, der von riesigen alten Hortensienbüschen gesäumt war. Der späte Frost der letzten Wintertage hatte ihnen zugesetzt, sie begannen gerade auszutreiben und manche der Knospen, die einer schmalen Speerspitze ähnelten, waren erfroren, vertrockneten und starben ab.

„Wir haben viel von Ihnen gehört, Mr. Holmes", nahm die Königin das Gespräch wieder auf, „und dank des schriftstellerischen Geschicks Ihres Freundes, Mr. Watson, sind uns viele

Ihrer berühmten Abenteuer bekannt und haben zu unserer Unterhaltung an langen Winterabenden in Sandringham beigetragen. Dennoch glaube ich, dass mein Sohn etwas übereilt reagiert hat, als er in dieser lästigen Angelegenheit, einem banalen Streich, den berühmtesten Detektiv unserer Tage beauftragt hat, der sicherlich ernsthaftere und seriösere Fälle zu lösen hätte und nun davon abgehalten wird."

„Zu gütig, Majestät", Holmes hatte sich gefangen und wagte es, ein Wort an die Königin zu richten. „Aber mein Interesse an dem Fall ist groß, weil er Rätsel um Rätsel in sich vereinigt und weil ich den Eindruck habe, dass Mr. Watson und ich im Augenblick der Entwicklung eines ungeheuerlichen Verbrechens zusehen, während wir sonst erst nach der Tat gerufen werden. Darf ich hinzufügen, dass es uns leidtut, zu sehen, dass Eure Majestät an dieses unselige Gefährt gefesselt sind."

„Sie müssen mich nicht bemitleiden, Mr. Holmes. Solange ich in diesem Rollstuhl sitze, ist er der Thron eines Weltreichs und ich bin mir sehr wohl bewusst, dass alle Länder des Empire von mir zusammengehalten werden. Hoffen wir also, dass die Räder dieses Stuhls noch lange für mich rollen."

Wir erreichten einen befestigten Aussichtspunkt, der einen weiten Blick über die Landschaft gestattete, von den in unterschiedlichen Höhen angelegten Fischteichen, die durch Kaskaden miteinander verbunden waren, bis zum Waldrand am Horizont, wo der Park des Schlosses zu enden schien. Eine pralle Nachmittagssonne erwärmte die Oberfläche des Wassers, und Fische schnappten nach den Insekten, die über ihnen in der Luft tänzelten. Die Königin war lange in Gedanken versunken und es dauerte eine Weile, bis sie uns wieder ansprach.

„Frederick ist ein guter Junge und ich hänge als Mutter ganz besonders an ihm. Er war vor einigen Tagen bei mir und hat mir alles Vorgefallene berichtet. Haben Sie Kinder, Mr. Holmes?"

„Nicht, dass ich wüsste, Ma'am."

„Nun, vielleicht können Sie sich dennoch in das Herz einer Mutter hineinfühlen. Die Nabelschnur ist ja nie ganz unterbrochen. Er hat uns, anders als sein Bruder, wenig Kummer gemacht, ein paar Unbedachtheiten und kleine Affären, die sich mit entsprechenden Mitteln zum Schweigen bringen ließen. Wissen Sie, er erinnert mich so sehr an meinen verstorbenen Mann, nicht nur äußerlich oder wenn er lacht und dabei ganz verschmitzt aussieht. Er hat seine Ernsthaftigkeit geerbt, aber nicht die Gefühlsschwankungen seiner germanischen Vorfahren. Sein Temperament ist eher ausgeglichen. Wenn ich da an meinen Enkel in Berlin denke, mit seiner Mischung aus Hochstimmung, Überschwang und dann wieder Trübsinn. Überhaupt scheinen mir die Deutschen wie Kinder zu sein, welche ihre Gefühle nicht beherrschen können, weil sie ganz aus ihnen heraus leben. Selbst Bismark, diese teutonische Heulsuse, gibt ein gutes Beispiel dafür ab. Man hat ihnen ihr großes neues Reich wie ein Spielzeug zu Weihnachten geschenkt und sie werden es in ihrem Übermut zerbrechen und verderben."

Die Königin hatte mehrfach in ihrem Rollstuhl ihre Position verändert, und die Decke war verrutscht. Sanjay zog sie wieder zurecht und nahm dabei vorsichtig wie bei einer zerbrechlichen Puppe die Arme der Königin hoch, um das Plaid weit oben unter den Achseln zu befestigen. Sie dankte es mit einem kurzen Lächeln.

„Von der Ehefrau meines Sohnes habe ich nie viel gehalten", fuhr sie nach einer Pause fort, in der sie nach den passenden

Worten gesucht zu haben schien, „ich mache Ihnen da nichts vor. Der alte Aberton, Gott hab ihn selig, war in seiner Jugend ein hoffnungsloser Romantiker, übrigens ein sehr gut aussehender hoffnungsloser Romantiker. Gefühlvolle Gedichte, Rheinreisen, und einige Monate dann mit einer Sennerin eine Affäre auf einer Almhütte, bis es ihm im Winter zu kalt wurde und er den Käse satthatte. Aber junge Romantiker werden im Alter verstiegen und verschroben, da lobe ich mir die Gemütsart ohne Überschwang und heftige Ausschläge, auch wenn sie später im Leben zu Langeweile neigt. Warum der alte Aberton unbedingt nach Neuseeland gegangen ist, vermag ich nicht zu verstehen, auch am Mittelmeer lässt es sich ganz kommod überwintern. Sein Sohn ist ihm übrigens ganz aus dem Gesicht geschnitten, sehr hübscher Bursche. Wurde mir vor einigen Tagen vorgestellt. Leider hat er von seinem Vater sogar das große, ein wenig entstellende Muttermal am Hals links geerbt. Abertons Tochter, die Frau meines Sohnes, hat von ihrem Vater wenig mit bekommen, leider nicht den Verstand, der nötig ist, um die Gefühlsausschläge im Zaum zu halten. Sie verwechselt künstlerische Inspiration mit Launenhaftigkeit und lebt so ganz aus ihren Stimmungen heraus. Nein, ich habe meinem Sohn nicht zu dieser Ehe geraten, aber er wollte nicht auf seine Mutter hören."

Sie gab ihrem Diener ein Zeichen, dass sie zurückgebracht werden wollte.

„Nun, Mr. Holmes, was haben Sie bisher zutage fördern können?"

Holmes fasste den Stand der Ermittlungen zusammen, ohne in Einzelheiten zu gehen und ohne zuzugeben, dass wir nur auf unzusammenhängende Bruchstücke gestoßen waren.

Die Königin ließ sich nicht täuschen.

„Da haben Sie noch viel zu tun, meine Herren", sagte sie zum Abschied, „doch ich bin mir sicher, dass Sie am Ende vor einer klugen Lösung des Rätsels stehen werden. Und vergessen Sie nie das Herz einer Mutter."

Wir blieben noch eine Weile schweigend auf der Aussichtsterrasse oberhalb der Fischteiche stehen und sahen zu, wie der indische Diener seine Herrin vorsichtig über den unebenen Weg zurückschob, denn sie hatte eine andere Richtung zum Schloss gewählt, das in der Ferne an seinem Gewirr von Schornsteinen auf den Dächern zu erkennen war.

„Jetzt weiß ich, was Mycroft meinte, als er vom Glatteis sprach, auf das wir uns in Burlington Hall begeben würden", wandte sich Holmes an mich. „Wir sollten daran denken, dass es in der Natur keine entschlossenere Kämpferin gibt als eine Mutter, die sich schützend vor ihre Jungen stellt."

Getrennte Ermittlungen

Wie wahrscheinlich alle großen Geister besaß mein Freund Holmes keine Fähigkeit, sich in das Befinden anderer Menschen hineinzudenken oder gar auf deren Wünsche Rücksicht zu nehmen. Die Triebfeder seines Handelns war seine Spontaneität und wenn er einen Entschluss gefasst hatte, so war er bereit, ihn ohne Verzögerung oder ohne Zureden eines Anderen umzusetzen.

Nach dem aufregenden Ereignis, welche das nicht alltägliche Treffen mit der Königin bedeutete, hatte ich mich früh am Abend zurückgezogen. Ich hatte mir aus der Bibliothek des Herzogs eine historische und architektonische Beschreibung von Burlington Hall ausgeliehen, über deren Lektüre ich eingeschlafen war. Es musste weit nach Mitternacht sein, als ich plötzlich wach wurde, weil sich meine unverschlossene Zimmertür öffnete und ich in dem geringen Licht der fast herabgebrannten Kerze auf meinem Nachttisch einen Schatten erkannte, der unverkennbar zu Holmes gehörte, wie ich bald zu meiner Beruhigung feststellte.

„Ich muss für zwei oder drei Tage Burlington Hall verlassen", flüsterte er und ich bemerkte, dass er vollständig angezogen und reisefertig war. Ein kleiner Handkoffer genügte ihm für die notwendigen Kleidungsstücke.

„Holmes, um Himmels willen. Es ist mitten in der Nacht."

Ich setzte mich auf und schaute meinen Freund entgeistert an.

„Sie würden drüben im Schloss mit Ihrem Plan für einiges Aufsehen sorgen."

„Ich habe nicht vor, jemanden zu wecken. Ich werde zu Fuß zum Bahnhof gehen. Es ist draußen schon hell genug. Der Frühzug nach London fährt um fünf Uhr."

Und tatsächlich fiel zwischen den Vorhängen, die nicht ganz zugezogen waren, ein erster zaghafter Schein des Morgenlichts auf den Boden.

„Aber warum diese Eile, Holmes?"

„Ich muss mich in der Bakerstreet wieder sehen lassen, sonst kommen die ersten Gerüchte über unsere lange Abwesenheit in Umlauf. Sie sollten sich ruhig weiter in Falconry aufhalten und meine Abwesenheit als absolut notwendig erläutern. Zudem möchte ich Sie bitten, heute oder morgen Ihren ärztlichen Kollegen in dem kleinen Dorf aufzusuchen, das wir in der Nähe des Bahnhofs gesehen haben. Er wird wissen, ob es in den letzten Wochen Todesfälle gegeben hat, die eventuell als Quelle für unsere abgetrennte Hand infrage kommen."

Resigniert lehnte ich mich wieder in meine Kissen zurück und Holmes verschwand mit ein paar hingemurmelten Floskeln der Entschuldigung für die frühe Störung.

Ich verbrachte den weiteren Vormittag behaglich mit verschiedener Lektüre in dem geheizten Wohnraum, nachdem ich wegen der nächtlichen Ruhestörung länger als gewöhnlich geschlafen hatte, und erledigte später einige Korrespondenz, ohne auf meinen gegenwärtigen Aufenthaltsort hinzuweisen, sondern deutete eine Erholungsreise von ungewisser Dauer an. Gegen zwei Uhr zog ich mich um, bequeme Wanderkleidung und besonders feste Schuhe, und machte mich auf den Weg.

Das Dorf Battenham war größer, als ich erwartet hatte, die Wege führten sternförmig zu einem Marktplatz mit Krämerladen, Pfarrhof, einer Bäckerei und einem Gasthaus. Fremde schienen hier nichts Ungewöhnliches zu sein, man beachtete mich nicht, obwohl der Platz am Nachmittag recht belebt war. Im Laden kaufte ich etwas Lavendelseife und Kirschbonbons, welche die freundliche Inhaberin mir empfahl, und erhielt von ihr den Hinweis, dass Dr. Fox seine Praxis sonst in der nahe gelegenen Kleinstadt habe und nur zweimal in der Woche in Battenham anwesend sei, wobei er für seine medizinische Tätigkeit einen Raum im Haus seiner Schwester nutze.

Das beschriebene Haus lag in einer ruhigen, engen Seitenstraße, ein hübsches Cottage mit tief hinuntergezogenem Dach und zahllosen Blumenbeeten ringsherum, sodass es im Sommer von Stockrosen und Flammenblumen nahezu verborgen sein musste. Die Tür war angelehnt und ein kleines, sauber bemaltes Schild enthielt den Hinweis, man möge eintreten und auf einem der Stühle im Flur Platz nehmen. Mein Eintreten war gehört worden, ein Dienstmädchen mit rotem Gesicht und hochgekrempelten Ärmeln begrüßte mich wortkarg, nahm meinen Wunsch entgegen und bat mich, auf Dr. Fox zu warten, der in einer halben Stunde von einem dringenden Besuch zurückerwartet werde. Dann verschwand die junge Frau in einem Raum, dem Schwaden von heißem Dampf entwichen, sodass es sich um die Waschküche handeln musste.

Ich hatte mir als Grund meines Besuchs meine alte Kriegsverletzung zurechtgelegt, die ich den Kollegen zu begutachten bitten wollte, um dann langsam und vorsichtig auf mein Anliegen zu sprechen zu kommen, aber es kam anders. Ich wartete eine geraume Weile, bis ich hinter der Tür zum Ordinationsraum die dunkle und befehlsgewohnte Stimme des Arztes vernahm, der sich von seinem Dienstmädchen Bericht erstatten ließ. Natürlich hatte ich meine Visitenkarte abgegeben, auf der auch mein Berufsstand vermerkt war. Doch plötzlich ging die Tür auf und der Hausherr kam freundlich lächelnd auf mich zu.

„James, alter Kollege", begrüßte er mich jovial und klopfte mir auf die Schulter. „James Watson", ergänzte er, als er von meiner zögerlichen Reaktion leicht verunsichert war. Langsam dämmerte es mir, dass mein Gegenüber mein früherer Kollege Richard Fox war, mit dem ich einige Zeit im St. Luke Hospital zusammengearbeitet hatte, bevor ich in die Dienste der Armee getreten war. Uns hatte eine lockere Freundschaft verbunden, bevor wir uns aus den Augen verloren hatten, und ich hatte früher sein manuelles Geschick bewundert, das dem eines Uhrmachers glich, während er als Diagnostiker eher mäßig begabt war. Nie und nimmer hatte ich erwartet, ihn hier in einer Landpraxis wiederzutreffen, wozu sicher auch sein häufiger und gewöhnlicher Name beigetragen hatte. Richard war als guter Sportler immer noch stattlich, wenngleich deutlich korpulenter und stämmiger als in unseren gemeinsamen Zeiten, und sein Kopf war völlig kahl, sodass er seine abstehenden Ohren nicht wie früher mit seinem dunklem Haarschopf bedecken konnte. Es ist schon erstaunlich, wie sehr wir bei anderen die Zeichen des Alterns bemerken und dabei glauben, selber von den Veränderungen der Zeit unangetastet geblieben zu sein.

Nach kurzem Zögern gab auch ich meiner Freude über das unverhoffte Wiedersehen Ausdruck und Fox führte mich in einen gemütlichen Raum, der als Bibliothek diente und in dessen Kamin ein behagliches Feuer brannte. Einen Gin als Begrüßungsgetränk lehnte ich nicht ab und nahm auf einem Sessel vor der Feuerstelle Platz. Bald schon gerieten wir mit unserem Gespräch weit in die Vergangenheit und schwärmten von unserer Jugendzeit und den gemeinsam im Hospital verbrachten Jahren, als uns die Zukunft mit all ihren Verheißungen noch offen zu stehen schien. Richard hatte Mary geheiratet, die Tochter seines damaligen chirurgischen Vorgesetzten, ein zierliches munteres Mädchen mit rehbraunem Haar und den schönsten Augen, die ich je gesehen hatte. Als ich ihn nach Mary fragte, wurde er schweigsam und wies auf eine gerahmte Zeichnung auf einem Bord, die mit einem Trauerflor geschmückt war. Ich fragte nicht weiter nach.

„Nun wollen wir uns mal deinen Kriegsschaden ansehen, James", sagte Fox und forderte mich auf, mein Bein auf einem der Hocker vor dem Kamin abzulegen und das Hosenbein hochzuziehen. Ich entschloss mich jedoch, mich nicht weiter zu verstellen, sondern erzählte meinem alten Kollegen den wahren Grund meines Besuchs und dann in vollem Umfang die Erlebnisse der letzen Tage in Burlington Hall, wobei ich durch den Gin und das plötzliche Wiedersehen erregt kein Detail und keine Vermutung ausließ. Fox hörte mir schweigend zu und stellte nur hin und wieder eine kluge Frage. Holmes hätte mich für meine unbekannte Vertrauensseligkeit gescholten, aber mein Gegenüber gab mir zu verstehen, dass Geheimnisse und vertrauliche Botschaften bei ihm gut aufgehoben waren.

„Du weißt, Watson", nahm er schließlich das Gespräch auf, nachdem er längere Zeit nachdenklich geschwiegen hatte, „dass ich die Dienstboten und das übrige Gesinde von Burlington Hall betreue und deshalb vom Herzog einmal im Jahr eine nicht unerhebliche Gratifikation erhalte. Natürlich gibt es in einem so großen Haus mit Hofhaltung viel Tratsch und Gerüchte, aber mir ist von dieser Sache bisher nichts zu

Ohren gekommen. Zudem geht alles durch viele Münder und wird dann verfälscht, sodass die Neuigkeiten entweder aufgebauscht oder heruntergespielt werden. Aber weil du mich direkt nach einem Sterbefall gefragt hast, der als Quelle für die abgetrennte Hand infrage kommt, so gibt es tatsächlich ein passendes Ereignis. Eines der Dienstmädchen, eine Kathy Doyle, ist vor einigen Tagen verstorben. Völlig natürlicher Tod, eine Infektion, die schnell auf das Herz übergegriffen hat. Sie war eine ganz begabte junge Frau, stammte aus einem Pastorenhaushalt irgendwo im Norden. Manchmal schrieb sie hübsche kleine Erzählungen, von denen die eine oder andere in einem Provinzblättchen veröffentlicht wurde. Hat wahrscheinlich von einer Karriere als Schriftstellerin geträumt. Armes Ding. Aber mir ist nicht bekannt, dass die Leiche bei der Beerdigung unvollständig war. Obwohl, Gelegenheit für einen, nun wie soll ich sagen, Händeraub, hätte es schon gegeben. Der Aufbahrungsraum für die Toten vom Personal liegt neben der großen Remise bei den Stallungen von Burlington Hall und ist nicht verschlossen. Wer es geschickt anstellte, konnte das Corpus Delicti dort entwenden, ohne Spuren zu hinterlassen."

Das Dienstmädchen kam herein und flüsterte Fox etwas mir Unverständliches zu, der mich daraufhin bat, ihn einige Minuten zu entschuldigen, da er einen Patienten behandeln müsse. Ich dachte über das Gehörte nach und tadelte mich, trotz des Vertrauens zu meinem Kollegen soviel ausgeplaudert zu haben.

Als Fox nach einer halben Stunde zurückkehrte, lud er mich zum Essen ins Gasthaus ein und bot mir an, die Nacht hier im Haus seiner Schwester zu verbringen. Die erste Einladung nahm ich an, ich wollte aber am Abend noch nach Falconry zurücklaufen, da sonst unser beider Verschwinden unnötiges Aufsehen und Gerede erzeugen würde.

Der Schankraum der Wirtschaft war gut besucht, während im Speisesaal nur drei Tische besetzt waren. Es standen zwei Gerichte zur Auswahl auf der Karte und wir wählten zur Feier unseres Wiedersehens ein Roastbeef mit eingelegtem Gemüse. Unser Gesprächsstoff ging uns nicht aus, denn ich berichtete von meinen Kriegsabenteuern und mein Kollege von seinem Leben als Arzt, das ihn durch zahlreiche Counties geführt hatte und nicht zuletzt in einige Bergarbeitersiedlungen im Norden unseres Landes, deren grausame und unmenschliche Lebensbedingungen er eindrücklich schilderte. Das Essen war vorzüglich und das im Haus gebraute Bier schmeckte mir besonders gut, weil ich von dem langen Spaziergang und der trockenen Luft durstig geworden war. Fox und ich wollten gerade aufstehen und unser Treffen beenden, als es im Schankraum, aus dem wir bisher nur unverständliches Gemurmel gehört hatten, plötzlich lauter und lebhafter zuging. Ein auffällig gekleideter und bunt herausgeputzter Mann mit einem gescheckten Zylinder hatte die Wirtschaft betreten, ging von Tisch zu Tisch und bot aus einem Warenkoffer verschiedene Artikel an, bunten Tand mit Schnallen und Broschen, farbige Tücher und billige Gürtel, falschen Schmuck und verschiedene Heilwässerchen. Derartige Handelsvertreter waren damals im ganzen Land unterwegs und wenn die Kunden merkten, dass sie auf wertloses Zeug hereingefallen waren, waren diese Herren schon längst über alle Berge. Unser Händler machte seine Runde, hatte zu jedem einen launigen Spruch auf den Lippen und ließ nicht locker, bis er einem Stallburschen oder einem Lehrling ein Geschenk für seine Liebste aufgeschwatzt hatte.

Schließlich kam er auch an unseren Tisch, obwohl Fox ihn mit ein paar unwirschen Worten wegscheuchen wollte. Aber dann vollführte der Vagabund mit dem Inhalt seines Wunderkoffers so überraschende Zauberstückchen auf, dass alle Augen im Saal auf ihn gerichtet waren und ich mich schließlich verpflichtet fühlte, ihm eine wertlose Glaskugel abzukaufen. Als er mir mit überschwänglichen Worten, die einen italienischen Akzent erkennen ließen, dankte, sah ich, dass seine Fingerkuppen abheilende Brandblasen zeigten und ich wäre vor Erstaunen fast aufgesprungen. Es war Holmes, ein Holmes in einer gelungenen Maskerade, mit brauner, gegerbter Haut, schwarzen Augenbrauen und einem ebenso schwarzen Bart, der ihm ein südländisches Aussehen gab. Ich fasste mich schnell und gab meinem Freund durch ein Augenzwinkern zu verstehen, dass ich ihn zwar erkannt hätte, aber darüber schweigen würde. Deutlich erinnerte ich mich an seine Worte aus einem früheren Fall, dass man im Umfeld eines Verbrechens möglichst inkognito ermitteln sollte, da die Menschen dann ihre natürliche Scheu, die sie der Obrigkeit entgegenbringen, ablegen würden. Ein wenig war ich allerdings gekränkt, dass Holmes mich in seinen Plan nicht eingeweiht hatte.

Es wurde dunkel, als ich mich schließlich auf den Heimweg machte. Das erste Stück zwischen den Wiesen und Feldern, die um das Dorf lagen und von Hecken begrenzt waren, war einfach zu bewältigen, denn der Weg wurde vom letzten rötlichen Schein der Abendsonne beleuchtet. Eine friedliche Abendruhe lag über der Landschaft, ein zaghafter Nebel stieg aus dem Fluss auf und die Kühe auf den Weiden hatten sich unter einzelne große Bäume zurückgezogen und drängten sich wegen der Kühle der beginnenden Nacht eng aneinander. Ich begegnete niemandem und war in meine Gedanken an früher, die durch das Treffen mit Fox so ganz in den Vordergrund meines Denkens getreten waren, versunken. Bald bog der Weg nach Osten und vor mir lag eine Stunde angestrengter Fußmarsch durch das Waldgebiet, welches den Besitz des Herzogs von dem Dorf trennte. Schnell wurde es jetzt dunkel, der Weg war schmal und nur an dem niedrigen Bewuchs aus Gras und Gebüsch zu erkennen. Gelegentlich leuchtete ein fahler Mond in eine Lichtung, doch nach wenigen Metern ragten links und rechts neben mir die kahlen Stämme der Fichten zum Himmel auf, deren Kronen sich oben miteinander zu einem undurchdringlichen Dach verbanden. Ich musste mir nach einer Viertelstunde eingestehen, dass ich mich verlaufen hatte. Vermutlich hatte ich eine Weggabelung, die im Hellen unübersehbar war, verpasst und war jetzt ohne Orientierung. Im Krieg hatte ich eine Vielzahl schlimmerer Ereignisse überstanden, aber die Aussicht, eine Nacht im Freien bei den niedrigen Temperaturen des Frühlings zu verbringen, ließ mich nicht jubilieren. Den Versuch, nach Battenham zurückzukehren, gab ich schnell auf, denn ich landete am Ende eines Wegs in einem undurchdringlichen Gebüsch aus stacheligen Brombeerzweigen. Am Morgen hatte ich mich auf einer geliehenen Karte über die Himmelsrichtungen informiert und ich entschloss mich nach kurzer Überlegung, mich am Stand der Sterne zu orientieren, um in etwa den Kurs auf das Schloss zu halten und irgendwann auf einen breiteren Fahrweg zu stoßen.

Unsere Augen sind es wunderbarerweise gewohnt, in der Dunkelheit jedes Quäntchen an Licht zu verstärken, sodass wir uns in dem vielfältigen Grau der Umgebung einigermaßen zurechtfinden können, wenn uns auch mancher Schatten narrt und ängstigt. Zudem ist unser Gehör in der Lage, leiseste Geräusche wahrzunehmen, denn es ist nachts nie still im Wald: hier ein Wispern, das Knacken eines Astes, eine in den Blättern raschelnde Maus, der unheimliche Ruf einer Eule. Als die Bäume nicht mehr so eng standen, sah ich in der Ferne flackernde Lichtreflexe wie Irrlichter, deren Ursprung ich nicht zuordnen konnte, und ich hatte ständig das Gefühl, von schattenhaften Wesen hinter mir beobachtet zu werden, sodass ich mich immer wieder umdrehte. Doch da war nichts.

Ich ging beherzt querfeldein, durchquerte manchen trockenen Graben, stolperte über Wurzeln und verfluchte mich, dass ich die Übernachtung in Battenham abgelehnt hatte. Einen Augenblick blieb ich stehen, um mich zu erholen, und setzte mich auf einen umgestürzten Stamm, dessen riesige Krone mein Weitergehen behinderte. Da hörte ich in der Ferne, aber deutlich rechts von mir, das Trappeln von Pferdehufen, Peitschengeknalle und die harschen Anfeuerungsrufe eines Kutschers. Ich musste nahe an einer Straße sein, die von einem solchen Gefährt befahren werden konnte. Mühsam kämpfte ich mich durch das Gewirr niedriger Bäume, deren zurückschlagende Äste mir manchen Kratzer im Gesicht bescherten, und wandte mich in die Richtung, aus der das Geräusch immer näherkam. Bald schon erreichte ich den Fahrweg und verbarg mich im Gebüsch an der breiten Böschung. Mit hoher Geschwindigkeit sah ich eine Kutsche näherkommen, die um eine Kurve bog und keine Rücksicht auf Löcher und Buckel der Piste zu nehmen schien, sodass ihr Aufbau bedrohlich wackelte und die Laternen an den Seiten hin und her schaukelten. So schnell, wie sie gekommen war, verschwand sie wieder in der Dunkelheit links von mir, ohne dass ich den verhüllten Kutscher, der wie irregeworden die Pferde zur Eile antrieb, erkennen konnte. Die Fensterchen im Abteil waren merkwürdigerweise vergittert, und als ein fahler Schimmer des Mondes auf die Straße fiel, erkannte ich für einen kurzen Moment das fratzenhafte Gesicht, welches mir in London nach dem Besuch des Odeon-Klubs bei Mycroft Holmes solchen Schrecken eingejagt hatte.

Erst plante ich, auf eigene Faust dem mysteriösen Wagen zu folgen, sah jedoch bald die Nutzlosigkeit meines Tuns ein und folgte der Straße nach rechts, wo ich im ersten Licht der Dämmerung Burlington Hall in seiner majestätischen Strenge auf seiner Hügelkuppe liegen sah. Leise schlüpfte ich durch eine Hintertür in mein Zimmer in Falconry, wusch meine verkrusteten Wunden im Gesicht und an den Händen ab und ging zu Bett, wo ich sofort einschlief, ohne über das Gesehene noch einmal nachzudenken. Ein merkwürdiger Traum aus dieser Nacht ist mir in Erinnerung geblieben. Durch das immer offen stehende Fenster meines Schlafraums im zweiten Stock von Falconry wurde plötzlich ein unförmiger Gegenstand geworfen, der neben mir im Bett landete. Ich nahm ihn an mich, stellte fest, dass es sich um eine Gummihand handelte, und als ich sie Holmes brachte, lachte er auf, nahm sie an sich und begann, sie aufzuessen.

Ein sonderbares Ansinnen

Ich will nicht verschweigen, dass ich in den langen Jahren der Zusammenarbeit mit Holmes gelegentlich auf Eigenarten und Wünsche bei meinem Freund gestoßen bin, die mich vorübergehend an der vollen Klarheit seines Verstandes zweifeln ließen, wenn ich auch zugeben muss, dass nach der Aufklärung des Verbrechens alle Absonderlichkeiten und scheinbaren Irrwege ihren geheimen Sinn bei dem Fortgang der Ermittlungen erfüllt hatten.

Zwei Tage nach seinem Verschwinden saß Holmes wie immer morgens am Frühstückstisch, als sei zwischenzeitlich nichts geschehen. Er war guter Dinge, zum Scherzen aufgelegt und dozierte über einen Sachverhalt, der nichts mit unserem Auftrag zu tun hatte und mir bei der Niederschrift dieses Berichts entfallen ist.

Ich hatte Holmes von meinem nächtlichen Abenteuer erzählt, das ihn merkwürdigerweise kaum zu interessieren schien, und ihm von meinem Gespräch mit meinem Kollegen Fox berichtet. Der Tod des Dienstmädchens regte ihn zum Nachdenken an und er schien einen Entschluss gefasst zu haben. Er selbst hatte wenig Neues erfahren, obwohl er in Battenham mit seinem Verkaufskoffer von Tür zu Tür gezogen war und manche Hausfrau in eine längere Plauderei verwickelt hatte. Die Menschen standen den Vorgängen in und um das Schloss sehr zurückhaltend gegenüber und es schien, als trenne wie in einem Zauberreich eine unsichtbare Wand ihr Dorf von Burlington Hall.

Gegen Mittag zogen wir uns um und gingen nach Burlington Hall, um den Herzog über seinen Sekretär um eine Audienz zu bitten, wobei Holmes mir den Sinn und Zweck seines Vorgehens nicht mitteilte, sondern mich um Geduld bat. Wir durchquerten den Wirtschaftshof und wollten den Weg zum Haupteingang des Schlosses abkürzen, als wir ein merkwürdiges Treiben beobachteten. Zwei große Leiterwagen standen hintereinander neben zwei Senken im Boden, die als Abfallgruben dienen mochten und in die man Schweine aus ihren Ställen treiben konnte. Männer warfen von den Ladeflächen der Wagen Säcke und Kisten voller Lebensmittel in die Gruben, Obst, Brot und Würste, Schinken und den Inhalt von Einmachgläsern. Alles wurde eingehüllt vom Mehlstaub, der aus Säcken darüber geschüttet wurde. Was ich dann sah, entsetzte mich, denn als die Wagen zurückfuhren, um aus den Vorratslagern des Schlosses Nachschub zu holen, lösten sich aus dem Hintergrund einige Frauen, die halbnackte, barfüßige Kinder neben sich hatten, traten auf den mittlerweile zu einem Haufen angewachsenen matschigen und staubigen Abfall von Nahrungsmitteln und fingen an, die noch brauchbaren Stücke in Säcken und Körben einzusammeln. Wir wandten uns ab und ich sah an Holmes verschlossener Miene, dass auch ihn dieser Eindruck nicht ungerührt gelassen hatte.

„Ihre Hoheit hat Anweisung gegeben, dass nach dem Ereignis mit der abgetrennten Hand bei Tisch alle Lebensmittel im Schloss zu entsorgen sind und eine Grundreinigung aller Gemächer durchgeführt werden müsse", sagte Mr. Corless, als wir ihn auf unsere Beobachtung im Wirtschaftshof hinwiesen. Er wirkte übermüdet und gereizt und seinem Tonfall konnten wir entnehmen, dass er die Maßnahme zutiefst missbilligte, ohne aus Loyalität zu seinem Herrn in seiner Wortwahl deutlicher zu werden.

„Seine Hoheit erfüllt seiner Frau jeden Wunsch", erklärte er und machte eine resignierte Handbewegung, „auch wenn er sich über die Folgen nicht ganz im klaren ist. Es wird Wochen, wenn nicht Monate dauern, die Vorratslager des Schlosses wieder aufzufüllen, die nach dem langen Winter sowieso schon weitgehend leer sind. Ich habe Einkäufer nach London schicken müssen und wir werden uns Lebensmittel von den umgebenden Gütern leihen müssen. Stellen Sie sich das vor, Burlington Hall, die Krone des Countys, muss in der Nachbarschaft betteln gehen."

Corless schüttelte den Kopf und ging vor den Fenstern seines Arbeitszimmers auf und ab. Wir konnten in den riesigen Innenhof des Schlosses sehen, dessen jahrhundertealte, monotone Fensterfronten uns auf die Unwichtigkeit unserer gegenwärtigen Verhältnisse und Bemühungen hinzudeuten schienen. Was waren wir gegen sie, die schon ganz andere Händel und Verwicklungen erblickt hatten.

„Zudem ist der Verwalter des Schlosses schon seit einigen Wochen erkrankt und außer Diensten, sodass ich viele seiner Aufgaben mit übernehmen muss, obwohl ich eigentlich bei Seiner Hoheit um Urlaub für drei Wochen nachgesucht hatte", fuhr Corless fort und schien in einem Selbstgespräch seine bedauernswerte Lage zu rekapitulieren. „Meine Frau möchte ihre Familie in der Nähe von Bristol besuchen. Ich habe ihr die Reise zugesagt und weiß nicht, wie ich ihr die Absage begreiflich machen soll."

„So bedauerlich Ihre Lage auch ist, Mr. Corless", Holmes ergriff die Initiative, „so dürfen Mr. Watson und ich dennoch das Ziel unserer Ermittlungen nicht aus den Augen verlieren. Wir müssen den Herzog und vielleicht noch andere Institutionen um Erlaubnis zu einer Maßnahme bitten, die auf den ersten Blick ungewöhnlich und absonderlich erscheint."

Mr. Corless hatte nicht zugehört.

„Ich möchte Ihnen mitteilen, meine Herren, dass heute Morgen die Kinderfrau Ihrer Hoheit verstorben ist. Deshalb wird die Herzogin zurückerwartet. Natürlich sind die Begräbnisvorbereitungen nicht so aufwendig, als wenn ein Mitglied der herzoglichen oder gar königlichen Familie verschieden wäre, aber es sind dennoch unzählige Maßnahmen zu treffen, wobei die Hauptarbeit bei mir verbleibt. Was kann ich also für Sie tun?"

Holmes hatte genug davon, aus Höflichkeit und Zurückhaltung auf verschiedene Befindlichkeiten des Sekretärs Rücksicht zu nehmen, ein entschlossener Zug zeichnete sich um seinen Mund ab und er legte seinen Wunsch ohne nähere Erörterungen offen.

„Wir müssen eine Leiche exhumieren, Mr. Corless, und es sollte bald, möglichst noch heute Abend geschehen."

Corless setzte sich auf den nächsten Stuhl und sah uns entgeistert an, wobei ich mit den Achseln zuckte, um anzudeuten, dass ich mit dem Fortgang der Ereignisse in dieser Richtung nichts zu tun hatte.

„Wie bitte, Mr. Holmes? Ich habe wohl nicht recht verstanden."

Aber Holmes wiederholte sein Anliegen genauso kühl und wohlüberlegt und erklärte den Grund für dieses ungewöhnliche Vorhaben. Als Quelle für den abgetrennten Arm käme in der Umgebung des Schlosses nur das verstorbene Dienstmädchen infrage und von der Intaktheit ihrer sterblichen Überreste hinge ab, in welcher Richtung wir weitersuchen müssten. Mr. Corless ließ sich auf eine längere Diskussion mit Holmes ein, die er nicht gewinnen konnte, da Holmes Argumentation von bestechender Klarheit und Logik war, und er zudem mit dem Abbruch der Ermittlungen drohte, sollte seinem Ansinnen nicht stattgegeben werden. Schließlich hob Corless resigniert die Hände, wobei er mit dieser Geste andeuten wollte, dass er unsere Anwesenheit nicht mehr in vollem Umfang wie zu Beginn begrüßte, da sie zu Verwicklungen geführt habe, die er nicht mehr gutheißen könne. Dennoch zögerte er nicht, Holmes zum Herzog zu bringen, damit dieser Seiner Hoheit seinen Wunsch vortragen solle. Der Friedhof für das Personal und die zahllosen Landarbeiter unterstand einzig und allein der Autorität Seiner Hoheit und kirchliche Instanzen hatten kein Mitspracherecht, sofern es nicht direkt um Glaubensfragen ging.

Nach erstaunlich kurzer Zeit kehrte Holmes zurück und eine gewisse Genugtuung war seiner sonst unbewegten Miene anzusehen. Er hatte, wie so oft, gewonnen.

Geneigter Leser! Es ist mir bewusst, dass die nächsten Abschnitte bei empfindlichen Seelen Abscheu, Entsetzen oder gar körperliche Missempfindungen hervorrufen könnten. Als Arzt bin ich es natürlich gewohnt, allen Phänomenen, die sich aus der Natur des Menschen und der Endlichkeit seines Lebens ergeben, mit Gelassenheit und Selbstbeherrschung zu begegnen, und habe längst die Scheu vor den Vorgängen nach dem Ableben verloren, welche unsere Körper zersetzen und zerfallen lassen. Diesen Gleichmut kann ich natürlich von Unbeteiligten nicht erwarten und so habe ich mich entschlossen, die denkwürdigen Ereignisse dieser Nacht wahrheitsgemäß und ungeschönt wiederzugeben, ohne allerdings zu sehr in Einzelheiten abzuschweifen. Leser, die sich dennoch von dem Bericht der Exhumierung überfordert fühlen, können mit dem nächsten Kapitel beginnen, in dem zu Beginn noch einmal das Ergebnis der nächtlichen Aktion zusammengefasst wird.

Wir fanden uns also kurz vor Mitternacht auf dem Friedhof ein, der abseits der Wirtschaftsgebäude und Häuser für das Personal auf einem kargen, von niedrigem Gebüsch bewachsenem Acker lag. Eine hohe Hecke zäumte das Areal von drei Seiten ein, während die Rückseite ohne Grenze in ein Tannenwäldchen überging, sodass die Tiere des Waldes ungehinderten Zutritt hatten und eine Grabbepflanzung sinnlos war. Die kahlen schwarzen Äste an den unteren Abschnitten der Stämme boten einen traurigen Anblick. Eine schlichte Kirche aus Feldsteinen mit einem verwitterten hölzernen Anbau stand in der Mitte der Anlage. Wir überquerten schweigend das Gelände und sahen, dass in der Nähe der Kirche das Grab für die verstorbene Kinderfrau der Herzogin schon zur Hälfte ausgehoben war.

Um allzu neugierige Besucher abzuschrecken, hatte der Herzog befohlen, dass zwei uniformierte Wachleute den Eingang mit seiner rostigen, quietschenden Pforte beschützen sollten. Als wir eintrafen, gegen die nächtliche Kälte in kräftige Mäntel gehüllt und mit Fackeln in den Händen, waren die beiden Totengräber schon da und warteten neben dem Holzschuppen, rauchend und in stoischer Ruhe auf ihre Schaufeln gestützt. Es waren Vater und Sohn, wie unschwer zu erkennen war, denn der Alte hatte seinem Sohn eine riesige, entstellte Unterlippe vererbt, an deren Ecken beständig ein Speichelfaden klebte. Sie standen am untersten Ende der gesellschaftlichen Rangleiter des Personals und wurden für Dienste eingesetzt, die kein anderer erledigen wollte. Beide wirkten eher schmächtig und kraftlos auf mich, aber als Holmes nach ein paar erklärenden Worten das Zeichen zum Beginn der Aktion gegeben hatte, flogen die Schaufeln nur so hin und her und bald türmte sich zu beiden Seiten des Grabs, das im sandigen Teil des Friedhofs nahe den Tannen lag und nur durch ein schlichtes Holzkreuz gekennzeichnet war, ein beachtlicher Erdhaufen. Der Sarg, eine Bretterkiste aus nahezu unbehandeltem Holz, wurde ohne viel Mühe nach oben gezogen. Die beiden Totengräber mussten eine Weile verschnaufen und tranken aus einer Glasflasche eine Flüssigkeit, die nicht allzu viel Wasser enthalten haben dürfte. Der Deckel des Sargs ließ sich mit ein paar Stößen der Schaufeln und einem Holzkeil aufhebeln und Holmes befahl, ihn nur soweit anzuheben, dass er die Hände der Toten sehen konnte.

Sie waren vollzählig, wenn auch schon in einem fortgeschrittenen Stadium der Verwesung. Wir wandten uns ab, denn wir hatten genug gesehen.

Holmes winkte die beiden Männer zu sich heran, gab ihnen ein erhebliches Trinkgeld und ermahnte sie zur absoluten Verschwiegenheit. Sie ließen sich bei der neuerlichen Beerdigung der Verstorbenen mehr Zeit und verbargen alle Spuren des Geschehens so geschickt, dass ich einige Tage später, als ich das Grab noch einmal besuchte, unter der dicken Schicht aus Tannenreisig keinen Hinweis auf unsere nächtlichen Ermittlungen finden konnte.

Ein scheußlicher Mord

Aus meiner langen Zusammenarbeit mit Mr. Holmes habe ich einige Erfahrungen gewonnen, die mir halfen, sein Vorgehen in diesem merkwürdigen Fall richtig zu deuten. So hatten wir schon früher bei manchen Ermittlungen lange auf der Stelle getreten und ich hatte den Eindruck, dass Holmes langsam die Lust verlor, überhaupt weiterzumachen, da andere dringlichere Angelegenheiten auf ihn warteten, bis die Ereignisse plötzlich ohne unser Zutun eine dramatische Wendung nahmen und Holmes mit wenigen geschickten Finten der Lösung des Verbrechens zusteuerte, einem Schachspieler gleich, der eine Mattkonstellation in vielen Zügen voraussieht und dann gnadenlos herbeiführt.

Dieser schöne Dienstag im frühen Mai des Jahres 1896 brachte die ersehnte Wendung bei unseren Ermittlungen, denn unser Gegenspieler, der für uns bisher ein Phantom war, ließ sich ohne unsere Mitwirkung zu einer Tat hinreißen, die sich im Nachhinein als völlig unnötig herausstellte und seiner zunehmenden Unruhe geschuldet war, ihm aber schließlich zum Verhängnis wurde, wenn auch nach vielen Verwicklungen und Irrtümern, wie sich im weiteren Verlauf zeigen wird.

Wir hatten unser Frühstück an diesem Morgen beendet, wobei wir noch einmal die Ereignisse der letzten Nacht besprachen, die uns bei unserer Suche nach der Herkunft der abgetrennten Hand nicht weiterbrachten, und unterhielten uns über unverfängliche politische Themen und Ereignisse, welche überraschenderweise die Lage in Europa nach meiner

Meinung immer instabiler machten. Ich vermied ein längeres Schweigen, das Holmes als Verstimmung auf meiner Seite angesichts des schleppenden Fortgangs der Ermittlungen hätte auffassen können, genauso wie eine erneute Analyse unseres geringen Kenntnisstandes. Es klopfte an der Eingangstür von Falconry und unsere Hauswirtin öffnete, um nachzusehen, wer uns um diese ungewöhnliche Zeit aufsuchte. Nach einem kurzen Disput trat ein schlaksiger Bengel in die Stube, nach seinem Aussehen zu urteilen ein Stallbursche in Diensten des Herzogs. Er kümmerte sich nicht um gewisse Formen wie das Anklopfen an unserer Zimmertür, nahm seine Mütze mit dem Wappen des Herzogs nicht ab und zeigte mit dem Finger auf Holmes.

„Sie sollen sofort kommen, Mr. Higgins", brummelte er und eine gewisse Atemlosigkeit trotz seiner Jugend ließ erkennen, dass er den ganzen Weg gelaufen sein musste.

„Und Sie auch!"

Sein Finger wies auf mich.

Holmes wollte ihn zur Rede stellen wegen seines ungebührlichen Auftretens, aber die nächsten Worte des Jungen änderten die Lage.

„Ist einer abgemurkst worden. Dahinten bei den Pferden."

Ich sprang auf, aber Holmes hinderte mich daran, dem Bengel weitere Angaben zu entlocken.

„Kommen Sie, Wilkins. Die ersten Minuten nach der Entdeckung einer Tat können entscheidend sein. Ich habe mit so etwas gerechnet. Die Kugel kommt ins Rollen. Wir holen nur schnell unsere Mäntel und dann geht es los. Warte draußen auf uns, Junge."

Alle Bedrücktheit und Antriebslosigkeit der letzten beiden

Tage schienen von Holmes wie weggeblasen, mit energischen Schritten lief er mit dem Stallburschen voraus, und ich hatte Mühe ihm zu folgen. Entschlossen bohrte er die Spitze seines Spazierstocks in den Boden und er summte eine mir unbekannte Melodie. Der Weg war menschenleer wie immer, die Vögel sangen und die Blätter rauschten im Frühlingswind, sodass nichts darauf hindeutete, dass in der Nähe etwas Ungeheuerliches geschehen sein war. Auf dem sonst sehr belebten ersten Wirtschaftshof sahen wir keine Arbeiter, was im Gegensatz zu der Betriebsamkeit sonstiger Tage stand. Erst als wir um die Ecke bogen, um auf die befestigte Fahrstraße zu kommen, an der die Pferdeställe lagen, erblickten wir hinter einem der Schuppen eine Menschenansammlung, deren Mitglieder sich im Halbkreis um ein auf dem Boden liegendes Wesen aufgestellt hatten. Sie waren so nahe getreten, wie es ihre Neugier verlangte, und hielten doch aus Scheu vor dem Opfer einen gewissen Abstand. Keiner sprach, keiner rührte sich und auf vielen Gesichtern lag Entsetzen, gepaart mit Abscheu. Die Ursache für den Auflauf war leicht auszumachen, es war die Leiche eines der Pferdeknechte des Herzogs oder besser, was von ihr übrig war. Ein Wahnsinniger, ein Berserker mit großer Kraft, musste ihn angegriffen und ermordet haben, obwohl er selber eine durchaus imposante Erscheinung gewesen war. Die Tatwaffe war ein Messer, denn tiefe Furchen von dessen Klinge waren am zerfetzten Gesicht und Hals sichtbar, während der übrige Körper durch die Kleidung und eine kräftige Lederschürze geschützt war, welche das Messer nicht hatte durchdringen können. Selbst vor den Augen hatte der Täter nicht haltgemacht, den Tod aber dürften Stiche in den Hals herbeigeführt haben, welche die Schlagader getroffen hatten, sodass das Opfer verblutet war, denn der verschmierte Kopf lag in einer Lache geronnenen Blutes. Von all den schrecklichen Details, die ich schnell erfasste, ließ mich eines besonders erschauern, als ich nämlich die Hände betrachtete: Sämtliche Finger waren an den mittleren Gelenken abgetrennt und lagen als grotesker Haufen wenige Schritte von der Leiche entfernt.

Holmes hatte schneller als ich seine alte Unerschrockenheit zurückgewonnen. Er wies zwei von den Umstehenden an, Pferdedecken zu holen, um den Toten zu verhüllen. Weitere Männer wurden an den Zugängen zum Hof postiert und Holmes schärfte ihnen strengstens ein, niemanden einzulassen, wenn ihnen an ihrer Zukunft in Burlington Hall gelegen sei. Einen der älteren Vorarbeiter schickte er los, um Mr. Corless zu benachrichtigen. Dann suchte er systematisch wie immer das Umfeld der Leiche ab. Der Boden war feucht, es mochte Fußabdrücke gegeben haben, aber alles war zertrampelt und matschig, sodass er seine Bemühungen bald aufgab, wobei ich mir sicher war, dass er die wesentlichen Einzelheiten längst in seinem Gehirn gespeichert hatte.

Ich durchforschte die weitere Umgebung und hatte mehr Glück. Am Rand eines wassergefüllten Grabens fand ich ein Messer, ein plumpes Exemplar mit kurzem Griff und doppelt geschärfter Klinge, welche unübersehbar Blutspuren zeigte und somit die Tatwaffe sein musste. Der Täter hatte sie wie achtlos beiseitegelegt und nicht in den Graben geworfen, wo ich sie wohl nicht entdeckt hätte.

„Nichts anfassen", rief Holmes mir unnötigerweise zu und winkte mich heran, noch einmal die Leiche zu betrachten. Er lüftete unerschrocken die Pferdedecke und drehte mit seinem

Spazierstock eine Hand des Opfers um, sodass wir die Fingerstümpfe und die Innenfläche betrachten konnten.

„Was fällt Ihnen auf?", fragte er mich, wobei ein gewisser strenger Ton, der mich an einen Lehrer erinnerte, nicht zu überhören war. Holmes war in seinem Element. Ich näherte mich der Hand und mir fielen einige Wunden auf, die in regelmäßigem Abstand und nebeneinander die Mittelhand bedeckten.

„Bisswunden", sagte ich und Holmes nickte zustimmend.

„Genau", lobte er mich, „das lässt sich an den Abdrücken der Zähne erkennen. Sehr kräftiges Gebiss. Und ich glaube zudem, dass die Finger später auch abgebissen und zu diesem Haufen gespuckt wurden."

„Was für ein Scheusal, Mensch oder Tier, hat hier zugeschlagen?", überlegte ich laut und fand keine Erklärung.

„Das ist unerheblich", Holmes wandte sich ab, „wir müssen wissen, wer dahintersteckt und fähig ist, einen derart barbarischen Akt zu planen und auszuführen. Worin legt der Sinn des Ganzen?"

Mr. Corless näherte sich uns. Er wirkte aufgeregt, hatte keinen Rock übergezogen, sodass wir die Ärmelschoner an seinem Hemd sahen, und er rang sichtlich um Fassung. Wir eilten ihm entgegen, Holmes fasste kurz zusammen, was er gesehen hatte, ohne in Einzelheiten zu gehen, und wir rieten ihm davon ab, den Ermordeten selbst in Augenschein zu nehmen, wofür er nicht undankbar schien.

„Will Thornton", sagte Corless, als er sich gefasst hatte, „so wie sie ihn schildern, kann es nur Will Thornton sein, meine Herren. Er hat die Oberaufsicht über den Pferdestall Seiner Hoheit, also über die Pferde, die Seiner Hoheit persönlich und nur ihm zur Verfügung stehen. Eine unglaubliche Sache, nicht zu ersetzen, der Bursche. Pferde waren sein Leben. Ein Unglück, also ein Unfall, ist ausgeschlossen?"

„Er dürfte sich kaum selber die Finger abgebissen haben", gab Holmes als Begründung an, was mir nicht sonderlich feinfühlig vorkam.

„Aber warum diese Tat? Welchen Zusammenhang mit den anderen Vorgängen gibt es?"

„Wir werden es bald wissen. Ich darf Sie bitten, sich noch zwei oder drei Tage zu gedulden."

„Ich denke, wir müssen unverzüglich Seine Hoheit benachrichtigen. Ich habe schon versucht, ihn zu erreichen, aber er ist ausgegangen. In so einer Angelegenheit sollte ich ihn wohl besser selber aufsuchen."

Holmes nickte. Mir fiel ein, dass ich auf unserem Weg hierher, am westlichen Rand des Schlossparks, auf einem flachen Hügel, eine Person gesehen hatte, die ich nach der Silhouette für den Herzog hielt. Er wurde von seinem Hund Lord begleitet und spielte, soweit ich es aus der Entfernung erkennen konnte, mit ihm Stöckchenholen, wobei Lord ohne zu ermüden die Äste immer wieder apportierte. Ich teilte Corless meine Beobachtung mit und er machte sich auf den Weg in die vermutete Richtung. Zuvor hatte er uns noch mitgeteilt, dass die Gesindewohnungen und Wirtschaftsgebäude der Gerichtshoheit des Countys unterstanden und man daher die örtliche Polizei und den Coroner werde benachrichtigen müssen. Die Immunität der königlichen Familie gelte nur für das Schloss und den Bannbezirk ringsherum. Wahrscheinlich werde auch Scotland Yard eingeschaltet werden müssen.

„Was geht hier nur vor", stöhnte Corless auf und machte sich auf den Weg, seinem Herrn die unangenehme Botschaft zu überbringen und die Polizei von dem Vorgefallenen in Kenntnis zu setzen.

Wir konnten vor Ort nichts mehr tun und machten uns auf den Rückweg, als wir plötzlich Geschrei und Gekreische hörten. Eine junge Frau mit wirrem Haar, an deren Rockzipfel sich zwei verstörte Kinder klammerten, muste von mehreren Männern abgehalten werden, auf den Hof hinter den Schuppen zu laufen. Sie warf sich schließlich auf die Erde und eine ältere Frau hockte sich neben sie, um ihr Trost zuzusprechen. Mehrmals hörten wir den Namen Mary und später erfuhren wir von den Umstehenden, dass es die Frau des Stallknechts war, die man erst spät benachrichtigt hatte. Holmes zögerte zunächst, ob wir sie ansprechen sollten, um Näheres über die letzten Stunden des Stallmeisters zu erfahren, entschied sich dann aber angesichts des offensichtlichen Elends dagegen.

„Später, Watson", sagte er, als hätte er meine Gedanken geahnt.

Auf unserem Heimweg trafen wir den Herzog zusammen mit seinem vertrauten Sekretär, die in ein Gespräch vertieft waren und die neue und ungewohnte Lage besprachen.

„Üble Sache, was, meine Herren?", sprach der Herzog uns an, „da wird Nancy sehr traurig sein."

Ich erlaubte mir festzustellen, dass die Frau des Stallmeisters Mary hieß.

„Nancy ist die Lieblingsstute Seiner Königlichen Hoheit", bemerkte der Sekretär mit einem scharfen Unterton in der Stimme, da er mein Widerwort für unangemessen hielt.

„Thornton war allein zu ihrer Pflege abgestellt, da sie in den letzten Wochen immer wieder kränkelte."

Der Herzog nickte zustimmend.

„Man wird für das arme Kind etwas tun müssen, Corless", fuhr er fort. „Wie hieß sie noch gleich? Mary Thornton, ja richtig. Erinnern Sie mich bei Gelegenheit daran, Corless. Vier Kinder, nicht wahr? Üble Sache, das Ganze."

Wir gingen schweigend nach Falconry zurück, bis Holmes mich von der Seite anblickte und einen Augenblick musterte, als sei er sich erst jetzt meiner Anwesenheit bewusst geworden.

„Wir werden morgen nach London fahren müssen, Watson", sagte er und es war mehr eine Anordnung als eine Bitte. „Ich werde Ihnen gleich den Grund zeigen."

In Falconry angekommen, legte er seinen langen Mantel nicht ab, sondern ging in unseren gemeinsamen Aufenthaltsraum, vergewisserte sich, dass niemand sonst anwesend war, und schloss sorgfältig die Tür. Aus seiner rechten Manteltasche zog er einen länglichen Gegenstand, der in ein Taschentuch gewickelt war, legte ihn auf den Tisch und schlug die Seiten des Tuchs zurück, ohne den Inhalt zu berühren. Es war die Tatwaffe, das merkwürdige Messer. Ich war perplex.

„Sind Sie von allen guten Geistern verlassen, Holmes?", rief ich aus, „Sie haben unberechtigterweise ein wichtiges Beweismittel vom Tatort entfernt. Stellen Sie sich nur vor, man findet es bei Ihnen. Man könnte Sie für den Täter halten. Ich glaube nicht, dass alle Herren vom Yard Ihnen sonderlich wohlgesonnen sind."

„Keine Angst, Holmes. Wir werden es morgen Abend an Ort und Stelle zurückbringen und so platzieren, dass selbst ein Esel wie Lestrade es nicht übersehen kann. Aber zuvor müssen wir klären, was es mit dieser zweischneidigen Klinge auf sich hat. Ich habe Ähnliches noch nie gesehen, obwohl ich mich in einer meiner frühen Abhandlungen mit scharfen Verletzungen und ihren Verursachern beschäftigt und auch einige Versuche unternommen habe."

„An frisch Verstorbenen natürlich", ergänzte er, als er meinen unsicheren Blick bemerkte. „Morgen früh also auf nach London", wiederholte er noch einmal, packte die Tatwaffe in das Tuch, verstaute sie in seinem Mantel und verließ mich, um den weiteren Tag allein zu verbringen.

Am frühen Abend machten wir uns auf, die Frau des Ermordeten aufzusuchen. Sie bewohnte eines der ebenerdigen Gesindehäuser mit niedrigem Strohdach, die aneinander aufgereiht an einer Nebenzufahrt zum Schloss lagen. Nur die Eckhäuser für die Verwalter waren zweigeschossig und mit Schieferplatten gedeckt, hinter den Wohnungen lagen schmale Parzellen von Garten- und Ackerland zur Selbstversorgung der Bewohner. Alles war ärmlich, aber sauber und wohldurchdacht. Einer der Landarbeiter des herzoglichen Gutes hatte uns stumm auf unsere Frage nur mit der Hand den Weg gewiesen und uns neugierig eine Weile hinterhergeschaut, bis wir um die Ecke gebogen waren.

Das Haus des Stallknechts unterschied sich äußerlich in nichts von den anderen, aber es brannte in dem einzigen Fenster, das zu Straße hinausging, eine flackernde Kerze, so als wolle man der Seele des Verstorbenen zeigen, wo sie einst zu Hause war. Ich hatte eine natürliche Scheu, an der Tür des Trauerhauses zu klopfen, doch Holmes ging so energisch darauf zu, dass er meine Einwände sicher von oben herab beiseite gewischt hätte.

Eine ältere, verhärmte und gebeugte Frau öffnete uns und ich erkannte sie wieder, denn sie hatte neben Mary Thornton gekniet, als man ihr die schreckliche Botschaft überbracht hatte und sie von mehreren starken Männern zurückgehalten werden musste, weil man ihr den Anblick ihres massakrierten Mannes ersparen wollte. Holmes stellte uns vor, schilderte ohne Umschweife unser Begehren und wurde sogleich eingelassen.

Der einzige Raum im Erdgeschoss war dunkel und feucht, es roch nach Schimmel und Kohlspeisen und das geringe Feuer, das man im Kamin aus wenigen Tannenscheiten angezündet hatte, verbreitete mehr Qualm, als dass es wärmte. Wir blieben einen Moment in der Tür stehen, weil wir sahen, dass die junge Frau auf einem Stuhl saß, uns den Rücken zuwandte und ein Kind stillte. Es war ein unerwarteter Anblick des Glücks an einem Tag des Unheils und ich war gerührt.

Als Mary Thornton uns sah, beendete sie das Stillen, gab das zufriedene Kind an die Alte, die es nach oben brachte, und wir hörten einige polternde Schritte auf einer Holztreppe. Mary war viel jünger als ich dachte, denn als ich sie heute Mittag zum ersten Mal gesehen hatte, war ihr Antlitz von den extremen Gefühlsregungen zerfurcht und für Augenblicke um Jahre gealtert. Jetzt lag Erschöpfung auf ihren Zügen, sie hatte ihre Hände in den Schoß gelegt und aus ihrer Haltung sprachen Resignation und Apathie angesichts ihres ungewissen Schicksals.

Holmes bedeutete mir mit einer Handbewegung, im Hintergrund zu bleiben, zog sich einen Stuhl heran, setzte sich neben die junge Frau und ergriff ihre Hand. Er verzichtete auf Beileidsfloskeln, aber was er sagte, war mit großer Ernsthaftigkeit gesprochen.

„Mary, so darf ich Sie bei unserem Altersunterschied wohl nennen, wir brauchen ihre Hilfe. Mr. Wilkins und ich sind vom Herzog beauftragt worden, einige mysteriöse Vorgänge in und um Burlington Hall aufzuklären, wozu jetzt auch der Mord an Ihrem Mann gehört. Wir können leider das Geschehene nicht rückgängig machen und ich habe heute Nachmittag lange gegrübelt, ob wir es hätten verhindern können, aber ich wüsste nicht, wie. Ich kann Ihnen versichern, dass ich all meine Kraft und, wenn es sein muss, mein Leben dafür einsetzen werde, den oder die Täter dingfest zu machen. Wollen Sie uns helfen?"

Mary nickte stumm, und die weiteren Ereignisse werden zeigen, wie nah Holmes seiner Ankündigung kam.

„Erzählen Sie uns einfach, was heute geschehen ist, und vergessen Sie keine Beobachtung, so unwichtig sie auch auf den ersten Blick erscheinen mag."

„Also Will hatte in den letzten Wochen viel zu tun", flüsterte sie so leise, dass Holmes sie aufforderte, etwas lauter zu sprechen. „Die Stute des Herzogs ist schon länger krank, sie will nicht fressen und Will musste immer wieder in der Nacht aufstehen, um nach ihr zu sehen, obwohl es ihm schwerfiel. Heute Morgen ist er gegen vier Uhr losgegangen und ich bin dann noch einmal eingeschlafen, weil ich so müde war, denn unser Jüngster hat viel geweint und ich musste oft zu ihm gehen. Will kam häufig erst spät am Vormittag zurück, weil er manchmal ganz früh mit dem Herzog ausgeritten ist. Deshalb habe ich mir keine Sorgen gemacht. Erst als die Jungs durch die Straße liefen und laut schrien, dass etwas Böses geschehen war, hatte ich so eine Vorahnung und dann bin ich zum Stall gerannt und hab von Weitem nur gesehen, das etwas auf dem Boden lag und mit einer Decke …

Sie brach in ein tränenloses Schluchzen aus und Holmes wartete geduldig, bis sie sich beruhigt hatte.

„Will ist so viel älter als ich, aber er ist ... er war ein guter Mann. Es gab nie Zank und Streit und er war immer lieb zu den Kindern. Was soll nur werden?"

Ratlos sah sie Holmes an und legte ihre rissigen, von der Arbeit beschwielten Hände antriebslos in den Schoß.

„Ist Ihnen an Ihrem Mann etwas aufgefallen, das anders war als sonst?", fragte Holmes und wartete gespannt auf die Antwort.

Mary musste einige Zeit nachdenken und sich ihre Antwort zurechtlegen, weil sie nicht gewohnt schien, Beobachtungen und Empfindungen in Worte zu fassen.

„Na ja, wie soll ich sagen. In der vergangenen Woche war er plötzlich so ... so munter und irgendwie gut gelaunt – ohne seinen sonstigen Schwermut. Eines Abends nahm er mich in den Arm und sagte, wir hätten es bald geschafft und wir könnten von hier weggehen und uns eine kleine Farm in Norfolk kaufen, wo er herkam und wo er Vieh züchten wollte. War immer sein Traum, auf eigenen Beinen zu stehen. ‚Du spinnst rum', habe ich zu ihm gesagt. ‚Sollst sehen, Mädchen', hat er geantwortet, ‚muss nur noch eine Sache erledigen und dann sind wir frei.'"

„Worum es ging, hat er Ihnen nicht gesagt?", hakte Holmes nach.

„Nein, er hat ein Geheimnis darum gemacht und gesagt, das sei eine große Sache und er wolle mich damit nicht belasten. Eines Abends bin ich von der Arbeit im Kuhstall nach Hause gekommen und wollte kurz bei Will im Pferdestall vorbeischauen, aber als ich da war, habe ich zwei Stimmen gehört und bin lieber nicht hereingegangen, weil Will es hasst, wenn er bei der Arbeit gestört wird."

„Haben Sie die Stimmen erkannt?"

„Eine war die von Will, aber die andere kannte ich nicht. Sie war so … so bestimmt und herrisch. Ich glaube, es war einer vom Schloss."

„Also eine männliche Stimme?"

Mary nickte zustimmend.

„Und da ist noch etwas Komisches passiert", erinnerte sich die junge Frau.

„Ja?"

„Vor zwei Tagen hat Will eine merkwürdige Frucht mitgebracht und gesagt, er hätte sie auf dem Heuboden über dem Stall gefunden. Sie muss jemandem aus der Hand gefallen und dann unter eine der Kisten gerollt sein, die da oben stehen und in denen alte Geschirre und Decken aufbewahrt werden. Sie war so groß wie ein Entenei und außen ganz stachelig. Ich hab mich nicht getraut, sie anzufassen oder zu probieren, und Will hat mich ein bisschen damit geneckt."

„Haben Sie sie aufbewahrt. Kann ich sie sehen?", wollte Holmes wissen und wirkte zum ersten Mal unruhig.

„Nein, ich hab sie gestern in einen der Schweinekoben geworfen, weil mir das Ding unheimlich war und ich es aus dem Haus haben wollte. Hab ich was falsch gemacht?"

Holmes beruhigte sie, aber ich sah seiner Miene an, dass er enttäuscht war. Wieder war eine Spur im Nichts verschwunden und ich glaubte langsam, dass uns das Schicksal bei unseren Ermittlungen nicht wohlgesonnen war.

In London

„Watson, Watson. Ich beschwöre Sie. Helfen Sie mir!"
„Mein Gott, Holmes. Was ist los? Geht es Ihnen nicht gut?"
Noch nie hatte ich meinen Freund in einem derartigen Zustand erlebt. Er war weit nach Mitternacht ohne Rücksicht auf meinen Schlaf in mein Zimmer in Falconry gestürmt und hatte mir kaum Zeit gelassen, mich in dem Grenzland zwischen Traum und Wirklichkeit wieder zurechtzufinden. Holmes war von dem Besuch bei Mary Thornton noch komplett angezogen und trug sogar seinen Mantel. Sein Haar war jedoch zerzaust, sein Gesicht wirkte wie zum Bersten gespannt und in seinen Augen brannte ein inneres Feuer, das ihn zu zerstören drohte. Er war ein Bild des Jammers und der Bedrohung und für einen Moment fürchtete ich mich vor ihm, denn seinen Körperkräften wäre ich erlegen, wenn ich mich vor ihm in einem möglichen Anfall von Wahnsinn würde schützen müssen. All seine sonstige Distinguiertheit und Selbstbeherrschung waren von ihm abgefallen und man konnte einen Eindruck davon gewinnen, welche Kämpfe in ihm in unbeobachteten Augenblicken tobten, und welche Mühe es ihn kostete, seine Emotionen in Schach zu halten.

Ich bat ihn, mich kurze Zeit allein zu lassen, damit ich mich ankleiden konnte, und setzte mich dann mit ihm vor den Kamin im Wohnzimmer, in dem noch die Reste des abendlichen Feuers glühten und den Raum in geringes rötliches Licht tauchten, das gelegentlich gespenstisch aufflackerte. Wir bemühten uns, leise zu sprechen und keinen Lärm zu machen, um unsere Wirtsleute nicht zu wecken. Holmes saß zuammengesunken und erschöpft in seinem Sessel, lehnte sein Kinn auf seine Hände, deren lange Finger sich gegeneinander stützten, und sprach leise. Er wirkte hilflos wie ein Kind nach einem Trotzanfall. Ich schwieg und Holmes redete zu sich selbst, als sei ich nicht anwesend.

„Schon in der Schule fing es an, wenn die Lösung eines Problems, etwa einer geometrischen Aufgabe, schwierig war. Ich konnte nicht aufhören, über die Frage zu grübeln, es rumorte in meinem Kopf, Geraden und Kreise flogen hin und her und jeder Gedanke schmerzte, als durchzucke mich ein Blitz. Es ist nicht so, wie manche glauben wollen, dass sich die Auflösung eines Rätsels ergibt, wie ein Maurer Stein auf Stein schichtet, bis das Haus fertig ist. Es ist … es ist ganz anders."

Holmes schwieg eine Weile, als ob er Schwierigkeiten hätte, seine Empfindungen in passende Worte zu fassen.

„Zerschneiden Sie ein dickes Buch in tausenderlei Schnipsel, mischen Sie es durcheinander. Zeigen Sie mir kurz die Fetzen und dann fordern Sie mich auf, diese im Kopf zusammenzusetzen und den fünften Absatz auf Seite 301 vorzulesen. Meistens ist es in der Vergangenheit gelungen, aber es fordert meine ganze Kraft."

„Eine unmenschliche Anstrengung?", fragte ich mitleidsvoll.

„Ja, und deshalb brauche ich die besonderen Pflanzenextrakte und die Musik, die mit ihrer Harmonie meine innere Ruhe und Gelassenheit wiederherstellt."

Ich dachte, dass Holmes Musizieren oftmals den gegenteiligen Effekt hatte, wagte aber angesichts der tiefen Erschütterung meines Freundes nichts zu sagen.

„Sie bestürmten mich, als Sie in meinem Schlafraum waren, dass ich Ihnen helfen sollte. Wie haben Sie das gemeint?"

„Heute Nachmittag haben Sie etwas gesagt, Watson, das sich als sehr wichtig erweisen könnte. Leider habe ich es mir nicht gemerkt und ich bin trotz stundenlanger Bemühungen nicht in der Lage, mich an ihre Worte zu erinnern."

„Wissen Sie noch etwa, wann das gewesen sein soll, Holmes?"

„Es muss in dem Gespräch mit Corless gewesen sein, als er zum Tatort kam. Zumindest sehe ich schemenhaft drei Personen vor meinem inneren Auge, wenn ich versuche, die Ereignisse des Nachmittags zu rekapitulieren."

Ich dachte eine Weile nach und gab dann einen möglichst präzisen Bericht der Abläufe wieder, so wie ich es als Soldat und Arzt oft gegenüber meinen Vorgesetzten hatte tun müssen, denn auf mein untrügliches Gedächtnis konnte ich mich immer verlassen.

Holmes hörte schweigend zu.

„Nein, Watson, das ist es nicht. Es war etwas Nebensächliches, eine Beobachtung, der wir keine große Bedeutung beigemessen haben."

„Könnte es vielleicht in dem Gespräch mit dem Herzog gewesen sein?"

„Sie haben etwas über den Herzog gesagt, an das ich mich nicht erinnern kann, Watson."

„Nun, auf unserem Weg zu den Stallungen hatte ich ihn mit seinem Hund Lord in der Ferne gesehen und sein tierischer Begleiter musste Stöckchen apportieren."

Holmes blieb zunächst ungerührt, dann aber fielen seine Niedergeschlagenheit und Unzufriedenheit von ihm ab. Seine Miene hellte auf, er sprang hoch und lief im Raum umher.

„Natürlich, Watson, das ist es. Sie sind ein Genie."

Stolz über diese Bemerkung wollte ich noch etwas sagen, um nicht eitel und abgehoben zu erscheinen, wurde von Holmes aber sogleich unterbrochen, der das Lob merklich abschwächte und mich auf den Boden zurückholte.

„Natürlich sind Sie nur ein Kleinmeister und ein Genie der zweiten Reihe, das eines weitaus größeren Geistes in der Nähe bedarf, um seine Eigenschaften und Ideen zur vollen Geltung zu bringen. Aber immerhin."

„Was hat nun das Stöckchenwerfen des Herzogs mit unserem Fall zu tun?"

„Sehen Sie, das ist es, was ich meine, wenn ich Ihre Stellung zu mir beurteile. Sie müssen, Watson, immer das Prinzip hinter den Dingen suchen und sich von Details nicht verwirren lassen. Wenn Sie das Prinzip, die Regel und den Grundsatz gefunden haben, ordnet sich alles andere diesem Gesetz unter. Menschen handeln im Allgemeinen nicht spontan und unüberlegt, sondern wollen mit ihren Taten etwas ausdrücken, etwas kenntlich machen, selbst wenn es ihnen in letzter Konsequenz nicht bewusst ist. Worin also liegt der Sinn des Ganzen, habe ich mich immer und immer wieder gefragt, und wir sind jetzt ein gutes Stück auf dem Weg zur Klärung weitergekommen. Der Kopf dieser unglaublichen Affäre lebt hier in diesem Schloss und er gibt an einen externen Mitwisser Aufträge, die dieser gehorsam, prompt und äußerst zuverlässig erledigt, so wie der Hund des Herzogs unermüdlich die Stöckchen herbeischafft. Wir müssen also nach dem Gehirn suchen, das alles ausheckt und nicht in erster Linie nach seinen Handlangern. Deshalb hat mich auch ihre Beobachtung der Kutsche nachts im Wald nicht sonderlich beeindruckt, sie entspricht nur dem apportierenden Hund, wie ich schon länger vermutet habe. Nein, ich glaube, wir sollten einige der Herrschaften hier im Schloss ganz genau unter die Lupe nehmen. Aber wir müssen unsere Ermittlungen einen Tag zurückstellen. Zunächst geht es morgen früh nach London, wo ich ein paar interessante Neuigkeiten erwarte, die mich in meinen Überlegungen bestätigen werden. Lassen Sie uns schlafen gehen, Watson. Ein anstrengender Tag steht uns bevor."

Bei meiner Müdigkeit hatte ich den letzten Ausführungen meines Freundes nicht mehr folgen können. So ergab ich mich meinem Schicksal, ohne an dem Sinn der Fahrt nach London zu zweifeln, obwohl doch nach Holmes Prophezeiung der Täter gerade hier im Schloss zu suchen war, löschte die Kerzen und ging zu Bett.

Nachdem Holmes und ich einige Tage den geruhsamen Landaufenthalt genossen hatten, obwohl natürlich der Anlass und die weiteren Ereignisse alles andere als angenehm waren, konnte der Unterschied zu den Lebensumständen in London kaum größer sein, wenn sie uns auch von unserem alltäglichen Leben in dieser Großstadt lange vertraut waren. In Falconry schätzten wir die frische Luft, schliefen bei geöffnetem Fenster und begegneten auf unseren ausgiebigen Spaziergängen nur selten einem Menschen, der uns von Ferne genauso argwöhnisch beäugte wie wir ihn. Hier in der Stadt hatte der Frühling, der draußen auf dem Land alles mit seinem Blütenzauber veränderte, etwas Kränkelndes und Widernatürliches. Staub und Asche nahmen dem frischen Blättergrün alles von seiner farbigen Brillanz, und über manchen Straßen und Vierteln lag beißender Rauch, der seine Quelle in den tausenden von Schloten hatte, aus denen es qualmte und stank. Beim Überqueren einer Straße wären Holmes und ich, als wir in ein Gespräch vertieft waren, um ein Haar von einem Wagen überfahren worden, der Bierfässer geladen hatte, weil wir den endlosen Verkehr, der einem regellosen Chaos glich, nicht mehr gewohnt waren. Die Vielzahl und Vielfalt der Menschen aus allen Ecken des Empires war bei aller Faszination erschreckend und man nahm sie kaum als Individuen wahr, wenn sie sich in den endlosen Strom der Passanten einreihten, die zu ihren Arbeitsplätzen oder Wohnhäusern eilten. Der Lärm war unerträglich und ich hatte manches Mal den Eindruck, dieser Moloch von einer Stadt sei am Ende angekommen und müsste bald kollabieren. Und dennoch ging das Leben weiter.

Holmes schien von meinen Bedenken und Eindrücken, die ich ihm gegenüber äußerte, völlig unberührt und wie so oft hatte ich den Eindruck, dass sein diffiziles Innenleben ihn davon abhielt, sich äußeren Einflüssen zu unterwerfen, wenn sie nicht ganz selektiv zur Lösung eines Falls benötigt wurden.

Wir hatten an diesem schönen Frühlingsmorgen den Frühzug ab Battenham genommen, der schon erstaunlich gut besetzt war, und mussten uns durch die Menschenmassen in einem der Londoner Bahnhöfe drängeln, um unbeschadet ins Freie zu gelangen. Ich wäre gern zunächst in die Bakerstreet gefahren, um nach meiner Post zu sehen, die ich mir dorthin hatte nachsenden lassen, und um frische Wäsche und einige Sachen des alltäglichen Gebrauchs einzupacken, aber Holmes drängte zu Eile und murmelte dem Kutscher ein Ziel zu, das ich nicht verstand.

Wir hielten in der Bondstreet, Holmes entlohnte den Kutscher und wir traten durch eine Tür zwischen zwei Geschäften, auf der mit verblassender Schrift der Name Wilkinson & Temple vermerkt war. Ich habe in der Vergangenheit oft die Erfahrung gemacht, dass, wer einen großen Namen besitzt und die Qualität seiner Produkte jenseits des modischen Schnickschnacks hochhält, auf Werbung verzichten kann. Wilkinson & Temple waren so berühmt, dass sie sogar auf Fensterauslagen verzichteten. Wer damals auf sich hielt und Silberwaren, Bestecke, Messer und andere schneidende Instrumente bis hin zu chirurgischem Werkzeug benötigte, kaufte sie hier beim königlichen Hoflieferanten und wurde lebenslang durch gleichbleibende Güte der Verarbeitung belohnt.

Hinter der Tür begann ein schmaler Gang, der über eine Treppe abwärts führte, und wir mussten uns an die Wand drängen, um ein fülliges Ehepaar passieren zu lassen, das nach ihren Worten zu urteilen die Aussteuer für ihre Tochter zusammengestellt hatte. Schließlich kamen wir in einen wenig beleuchteten Raum, der groß und gewölbt wie eine Halle eine wahre Schatzkammer darstellte, in der in hohen Vitrinen all die Waren ausgestellt waren, die sich aus Silber und anderen edlen Metallen fertigen lassen. Hier hätte man auch die Kronjuwelen aufbewahren können. Besonders bewunderte ich die Schaukästen mit Dolchen und Säbeln aus arabischen Ländern, in deren Oberfläche feinste grafische Muster ziseliert waren, und die Schränke, in denen Messer für jeden denkbaren Zweck gezeigt wurden.

Ein jüngerer Verkäufer hinter einem Tresen war mit einem Musterbuch beschäftigt und fragte uns erst nach einer Weile nach unserem Wunsch.

„Wir möchten Mr. Wilkinson senior in einer dringlichen Sache sprechen."

Der junge Mann musterte uns, konnte aber nichts Ungewöhnliches an uns finden.

„Wen darf ich melden?"

„Mr. Holmes und Mr. Watson. Ich bin Mr. Wilkinson bereits lange bekannt."

Der Verkäufer verschwand hinter einem Vorhang und bald hörten wir eine knarzende Stimme.

„Ist gut, ist gut, Ross. Kommen Sie, Holmes. Kommen Sie herein."

Das muffige, fensterlose Kämmerchen hinter dem Vorhang war von einer Öllampe wenig erhellt und vollgestellt mit Maschinen, die einem mir unbekannten Zweck dienten, und auf den Regalen darüber waren Tiegel und Töpfe mit chemischen Substanzen wahllos aneinandergereiht, die einen beißenden Geruch verbreiteten. Vor einem der Arbeitstische, an dem zwei Vergrößerungslupen mit schwenkbaren Armen angebracht waren, saß ein verwachsener zwergenhafter Greis von so ungesundem Aussehen, dass ich zweifelte, ob er je in seinem Leben diesen Verschlag verlassen hatte. Er hatte einen Teller mit Suppe halb leer gegessen und ihn achtlos zwischen seinen Werkzeugen abgestellt und war damit beschäftigt, eine winzige Schere zu schleifen und das Ergebnis unter einer der Lupen zu beachten.

„Schauen Sie Holmes, was für eine feine Arbeit, eine Fadenschere aus einem hundert Jahre alten Nähkästchen. Immer in Gebrauch, aber kaum eine Kerbe an der Schneidefläche. So müssen Scheren gefertigt werden. Kann heute keiner mehr."

Holmes stellte sich hinter den Alten, um durch das Vergrößerungsglas sehen zu können, und bestätigte die feine Qualität der alten Arbeit.

„Aber was wollen sie von mir?", murmelte der Alte vor sich hin und verlor Speicheltröpfchen aus seinen Mundwinkeln. „Sind ja wohl kaum gekommen, um mir beim Arbeiten zuzusehen?"

„Ich möchte Ihnen etwas zeigen, Wilkinson."

„Nur zu, nur zu!"

Holmes holte aus seiner Tasche das in Stoff eingeschlagene Messer, mit dem der Stallaufseher umgebracht worden war, und legte es auf einen Tisch, auf dem Mr. Wilkinson achtlos einige Instrumente beiseitegeschoben hatte.

„Was halten Sie davon?"

„Mäßige Arbeit", sagte der Scherenschleifer, nachdem er kurz das Objekt gemustert hatte. „Kommt aus Leeds, die Firma gibt es nicht mehr. Haben wir früher öfter verkauft. Sehen Sie", er hielt das Messer unter seine Lupe, „da ist eine winzige Nummer eingraviert."

„Was für einen Zweck erfüllt denn dieses Messer", fragte Holmes ungeduldig.

„Gehört einem Messerwerfer aus einem Zirkus, zusammen mit mindestens einem Dutzend weiterer Exemplare. Die Schneide ist nicht wichtig. Griff und Spitze müssen gut austariert sein, damit es seine Flugbahn nicht ändert und plötzlich da ankommt, wo es nicht hin soll, und alle seine Brüder müssen genau gleich gebaut sein, damit der Artist sich nicht ständig in so kurzer Zeit umstellen muss. Ist das Schwarze an der Klinge Blut?"

Holmes bejahte, denn man konnte dem Alten nichts vormachen.

„Bring mal das Musterbuch mit den Zirkusmessern, Ross", schrie der Alte in den Verkaufsraum. „Vielleicht sind die Namen der Käufer darin vermerkt." Er blätterte endlos, bis er die Seriennummer in dem Katalog gefunden hatte, und tatsächlich lagen zwischen den Seiten Zettel mit den Namen ehemaliger Kunden, doch die Schrift war verblasst und die Jahreszahlen deuteten an, dass es keinen Sinn machen würde, nach ihnen als Käufer zu suchen.

„Wollen Sie ein paar meiner neuen Mordwerkzeuge sehen, Holmes?", fragte er uns. „Meine Zuträger haben mir ein paar hübsche Klingen verkauft, mit denen manch einer oder eine abgemurkst wurden. Passen gut in meine Sammlung." Doch wir lehnten ab und waren froh, nach dem Aufenthalt in der stickigen Kammer bald wieder draußen an der Luft zu sein.

„Ein Zirkusmesser", sagte ich zu Holmes, der schweigend neben mir in der Kutsche saß, „haben Sie damit gerechnet?"

Ich erhielt außer einem Gebrummel keine verständliche Antwort und dachte laut weiter.

„Hatten Sie nicht erzählt, Holmes, dass in Battenham einige Zeit lang ein Zirkus seine Zelte aufgebaut hatte?"

Wieder nur Schweigen, dem ein Hauch von Gereiztheit beigemischt schien.

„Wenn ein Wasserrohr bricht, Watson, dann müssen Sie nicht versuchen festzustellen, wohin das Wasser fließt, sondern woher es kommt, wo seine Quelle ist, wenn Sie das Loch verschließen wollen," erhielt ich als kryptische Antwort und machte dann keine weiteren Anstalten mehr, Holmes in ein Gespräch zu verwickeln.

In der Bakerstreet empfing uns Mrs. Hudson mit unbewegter Miene, um uns mitzuteilen, dass es in unserer Abwesenheit keine besonderen Vorkommnisse gegeben und dass sie die Zeit für einen gründlichen Frühjahrsputz genutzt hatte, wofür wir uns freundlich bedankten. Tatsächlich war durch Lüften und Putzen der beißende Tabakgeruch verschwunden, und auf der Oberfläche der polierten Möbel hätten wir uns spiegeln können. Frische Wäsche lag bereit und ich konnte nach anstrengenden Tagen in einem Zuber im Erdgeschoss ein entspannendes Wannenbad nehmen, das ich solange wie möglich auskostete. In Morgenmäntel gehüllt trafen Holmes und ich uns in unserem Wohnraum zu einem kalten, aber reichlichen Abendessen. Wir lasen die Zeitungen der vergangenen Tage, die dem Mord auf dem Landgut von Burlington Hall nur eine knappe Notiz widmeten, ohne die herzogliche Familie mit einem Wort zu erwähnen. Als Ursache wurde angedeutet, dass es zu Streit unter den Arbeitern gekommen sei, der schließlich in einer grausamen Tat geendet habe. Scotland Yard habe die Ermittlungen aufgenommen.

„Morgen wird uns also Lestrade seine Aufwartung in Falconry machen, Holmes", sagte ich und Holmes lächelte sardonisch.

„Damit sollten wir rechnen und gewappnet sein, lieber Watson. Wie ich ihn kenne, wird er mühelos innerhalb weniger Stunden den Falschen verhaften und sich mit seiner Heldentat noch brüsten. Man könnte mit einiger Berechtigung sagen, eine Verhaftung durch Lestrade ist der beste Unschuldsbeweis, den jemand haben kann."

Ich wollte schon zu Bett gehen, als wir hörten, wie Mrs. Hudson die Treppe zu uns hinaufkeuchte, kurz und energisch anklopfte und dann sogleich eintrat.

„Unten ist einer von Ihren Schmutzfinken, Sir", sagte sie mit einem deutlichen Ausdruck des Ekels auf ihrem ansonsten regungslosen Gesicht. „Ich soll Ihnen das geben. Er möchte mit Ihnen selber sprechen, aber so verdreckt und verlaust, wie er ist, kommt er mir nicht ins Haus."

Sie gab Holmes einen zusammengefalteten Zettel, den Holmes kurz studierte und Mrs. Hudson dann aufforderte, den Jungen heraufzuschicken, da er zur Lösung eines Falles beitragen könne, von der das Schicksal der Nation abhängen könne.

Mrs. Hudson fügte sich, wenn sie auch an den Wangen rot anlief, wobei der Farbwechsel von ihrer weißen und gestärkten Haube noch unterstützt wurde.

„Aber erst bekommt er eine Wäsche am Spülstein", murmelte sie beim Hinausgehen, um wenigstens einen Teil ihrer Würde zu wahren.

„Was steht auf dem Zettel?", wollte ich wissen.

Holmes reichte ihn mir. Mit ungelenker Hand waren Körperteile aufgemalt, Arm, Bein und Organe und dahinter war ein lächerlich geringer Preis im Penny-Bereich vermerkt.

„Hab ich gut gemacht, was Mister Holmes?", fragte der Junge, der unbemerkt eingetreten war, als wir das Blatt studierten. Es war ein dünner Bursche, dem die Zuwendung von Mrs. Hudson gut getan hatte und auf dessen Kopf ein viel zu großer, speckiger und löchriger Hut von seinen unglaublich abstehenden Ohren gehalten wurde. Er war in dem Alter, in dem man essen kann, soviel man möchte, ohne dick zu werden, und seine sehnige Magerkeit wurde dadurch unterstützt, dass er wohl nicht jeden Tag etwas zu essen bekam. Er lief barfuß, weil Mrs. Hudson ihn unten an der Treppe angeranzt hatte, seine dreckigen Latschen gefälligst auszuziehen.

„Gute Arbeit, Simpson", lobte Holmes seinen jungen Agenten. „Woher hast du den Zettel?"

„Vom Leichenschauhaus unten von der Themse, wo sie alle hinpacken, die sie nachts aus dem Fluss ziehen oder auf den Straßen finden, Mister Holmes. Ganz schön gruselig da."

„Und wer hat ihn dir gegeben?"

„Der Aufseher, der nachts Dienst hat. Er verkauft vieles, das bei den Toten gefunden wird, und wenn nötig, auch einen Arm oder ein Bein."

„Kannst du uns zu ihm bringen? Wir müssen ihn dringend sprechen."

„Klar", sagte der Bengel und wollte sich schon aufmachen, „aber sprechen können Sie ihn nicht."

„Warum nicht?"

„Er liegt jetzt bei den anderen."

„Wie bitte?"

„Ich bin heute unten an der Themse langgelaufen und da haben sie ihn aus dem Wasser gezogen. Muss wohl letzte Nacht mit besoffenem Kopf hineingefallen sein."

Holmes entlohnte den Jungen großzügig und bat Mrs. Hudson, ihm Reste vom Abendessen mitzugeben, was diese ohne zu murren befolgte, denn hinter ihrer manchmal rauen Schale verbarg sich ein weiches Herz.

Wir setzten uns in unsere Sessel und Holmes musste die stumme Frage auf meinem Gesicht bemerken, denn er begann, ohne Aufforderung zu erklären.

„Da beseitigt jemand sehr sorgfältig jede Spur, Watson. Ich sagte schon, dass wir es mit einem überragenden Taktiker zu tun haben, der nichts, aber auch gar nichts dem Zufall überlässt. Und ich glaube, dass wir an dem Abend, als wir nach dem Besuch bei Mycroft den Odeon-Klub durch den Hintereingang verließen, in großer Gefahr waren, vor der uns nur der undurchdringliche Nebel geschützt hat. Kurz bevor ich als Handelsvertreter durch das Dorf gezogen bin, war ich noch einmal in London und habe mich mit Phil Simpson getroffen. Man kann sagen, dass er in der Halle des Bahnhofs wohnt, denn er findet immer einen Unterschlupf mit seinen Genossen und wird von vielen, die dort arbeiten, geduldet. Ich habe ihm von der abgetrennten Hand erzählt und ihn gebeten, vorsichtig Erkundigungen einzuziehen, was ja zu einem hübschen Erfolg geführt hat. Ich denke, wir sollten morgen einigen der Herrschaften im Schloss einen Besuch abstatten, das Gehirn der ganzen Affäre sitzt irgendwo da drinnen."

Dass Holmes sich unter einem Besuch etwas anderes vorstellte als ich, erfuhr ich am nächsten Tag.

Lestrade

„Wie kommt es nur, Holmes?", fragte ein sichtlich gereizter Inspektor Lestrade, „dass wir immer und immer wieder Sie und ... Ihren Begleiter in der Nähe eines Tatorts finden, wo Sie uns so harmlos und freundlich anlächeln wie ein älteres Ehepaar auf Badereise."

Lestrade hatte uns gegen Mittag in Falconry ohne Ankündigung aufgesucht, nachdem wir sehr früh aus London zurückgekehrt waren. Holmes sorgte ohne weiteres Aufsehen dafür, dass das Wurfmesser, welches er am Tatort mitgenommen hatte, an seinen angestammten Platz zurückkehrte. So dachte ich zumindest.

Der Inspektor hatte sich in Schale geworfen, denn die Nähe zu Burlington Hall dürfte ihm schnell bekannt geworden sein, und nun war er, nachdem er Ställe und feuchte Weiden abgesucht hatte, in einem deutlich weniger adretten Zustand. Obwohl er die Hosenbeine hochgekrempelt hatte, waren sie durchnässt und mit Grashalmen übersät und an seinen Schuhen klebten Lehmbrocken, die er in unserem Zimmer auf dem Boden verteilte, als er unruhig wie ein Tier im Käfig herumlief.

„Könnte es sein, Holmes?", fuhr Lestrade fort, „könnte es sein, dass Sie das Unglück anziehen? Dass Sie in Ihren Mitmenschen etwas auslösen, was sie zu Bestien werden lässt und sie dazu bringt, so scheußliche Verbrechen wie diesen Mord an dem Stallknecht zu begehen? Vielleicht wäre es für die Sicherheit aller besser, Sie eine gewisse Zeit unter Hausarrest zu stellen und zu beobachten, wie die Rate an Kapitalverbrechen sinkt."

„Gehört mittlerweile zur Ausrüstung von Scotland Yard ein Frack, Lestrade", frotzelte Holmes, ohne sich von den Verdächtigungen des Inspektors aus der Ruhe bringen zu lassen, „oder haben Sie ihn aus der Asservatenkammer? Nein, warten Sie. Dem Geruch nach zu urteilen aus einem Leihhaus. Dieses schreckliche Mottenpulver ... aber keine Sorge, Sie werden den Hoheiten nicht so nahe kommen, dass sie von dem Geruch belästigt werden könnten."

Ein zusammengebissener Kiefer und die Röte auf den Backen des Inspektors deuteten an, dass die Spitze gesessen hatte. Er wanderte im Zimmer hin und her, rieb sich die Hände und warf sich schließlich triumphierend in einen der Sessel.

Wir kannten Lestrade nun schon seit einigen Jahren und ich war erstaunt, wie wenig sich sein Äußeres geändert hatte, was ihm allerdings nicht zum Vorteil gereichte: immer noch das schüttere, mausgraue Haar, die unruhig flackernden Augen und von der Seite betrachtet die wenig markante Physiognomie eines Wiesels.

„Aber diesmal werden Sie mir nicht dazwischenkommen, Holmes, das garantiere ich Ihnen. Diesmal habe ich die Nase vorn. Ich will Ihnen etwas zeigen. Schauen Sie mal!"

Lestrade nahm aus der Tasche seines Überrocks einen Leinenbeutel, öffnete den Knoten und kippte den Inhalt vorsichtig über Kopf auf einen kleinen Tisch, der neben unseren beiden Sesseln stand. Das uns bekannte Wurfmesser mit den Blutflecken kam zum Vorschein.

„Und das Beste ist: Wir haben den Täter schon erwischt."

„So, so", sagte Holmes mit deutlich weniger Begeisterung in der Stimme, als es Lestrade erwartet haben mochte.

„Ja, so, so", machte Lestrade Holmes knappe Reaktion nach und packte das Tatwerkzeug wieder ein.

„Und wer ist es?", meldete ich mich zu Wort.

„Ein gewisser Mike Robbins, Gehilfe des Hufschmieds. Wir haben das Messer in seiner Schürzentasche gefunden, als wir die Schmiede durchsuchten, nachdem wir einen Tipp von einem Lohnarbeiter erhielten. Der Schmied hat heute einen Tag frei und die Schürze hing einfach so an einem Haken. Man hätte über das Messer stolpern können. Wenn er am Abend von seinem Ausflug zurückkehrt, werden wir ihn verhaften."

Ich blickte Holmes an, aber ein eisiger Blick aus seinen Augen belehrte mich, dass es besser sei, zu schweigen.

„Und was ist sein Motiv?", hakte Holmes nach.

„Wenn wir den Täter haben, werden wir das Motiv schon aus ihm herauskitzeln", grinste Lestrade, „nicht wahr, Constabler?"

„Ja, Sir", sagte der junge Mann in Polizeiuniform, der sich neben der Tür aufgebaut hatte, als wollte er uns an der Flucht hindern, und der sicher jeden noch so unsinnigen Satz seines Vorgesetzten bejaht hätte.

„Also Holmes, was sind Ihre Pläne?", wollte Lestrade ungeduldig wissen und seine Stimme triumphierte hörbar, da er sich seines Erfolges sicher war.

„Ich denke, dass Watson und ich noch zwei Tage die Gastfreundschaft Seiner Hoheit in Anspruch nehmen werden und dann nach London zurückkehren können, weil Sie den Fall so glänzend gelöst haben, Lestrade", antwortete Holmes gespielt kleinlaut. „Einsatz zahlt sich eben aus."

Lestrade erhob sich, verabschiedete sich knapp und verließ uns, wobei er Wert darauf legte, mit jeder zackigen Körperbewegung seine Dynamik und Entschlossenheit zu unterstreichen.

„Und in drei Tagen wird er den armen Hufschmied wieder freilassen, Watson", sagte Holmes, als wir wieder allein waren und Lestrade uns nicht mehr hören konnte.

„Sind Sie wahnsinnig, Holmes?", fuhr ich meinen Freund an, „Sie liefern einen unschuldigen jungen Mann an den Galgen aus, wenn irgendetwas von Ihrem Plan, den ich nicht kenne, schief geht. Ich will mit der Sache nicht zu tun haben. Wie haben Sie übrigens Lestrade auf diese Spur gebracht?"

„Ich habe mich heute Morgen als Stallbursche verkleidet und einen von Lestrades Helfern beiseitegenommen und ihm etwas von Eifersüchteleien zwischen Thornton und dem Gehilfen des Hufschmieds vorgesponnen, die ich angeblich beobachtet hätte. Das Messer unbeobachtet in die Schürze zu stecken, war ein Kinderspiel. Ich muss mir diesen unsäglichen Kriminalbeamten auf Abstand halten, damit er uns heute Abend in Ruhe ermitteln lässt. Viel Zeit bleibt uns nicht mehr."

„Was haben Sie heute Abend vor, Holmes?"

„Drei kleine Einbrüche, Watson. Sonst nichts Weltbewegendes. Ich hoffe, Sie machen als mein unbestechlicher Chronist selbstverständlich mit. Sollten wir gefasst werden, werde ich Sie schon herauspauken. Aber zuvor müssen wir noch zwei ganz gewöhnliche Besuche machen. Ich habe uns bei Sir Lawrence, dem Kustos der herzoglichen Sammlungen, und bei dem Bruder der Herzogin melden lassen. Mir schwirren so einige Gedanken im Kopf herum und ich möchte sie vor Ort überprüfen."

„Nun, Mr. Higgins, konnten Sie in der Sache mit dem verschwundenen Bild weiterkommen?", fragte Sir Lawrence, der uns in seinem Büro begrüßt hatte, dessen Wände mit Büchern bedeckt war. Auf den Tischen lagen Sammelmappen voller Zeichnungen, die in ihrer unübersichtlichen Fülle etwas von Altpapier hatten.

„Ich fürchte, Sir, Sie werden dieses Bild nicht wieder zu Gesicht bekommen, denn es dürfte gründlich beseitigt, wahrscheinlich verbrannt worden sein. Irgendetwas war auf dem Gemälde dargestellt, das für den Täter große Bedeutung hatte, und das unter keinen Umständen bekannt werden sollte."

Sir Lawrence stimmte zu.

„Ich sagte Ihnen ja schon, dass es vom künstlerischen Gesichtspunkt her kein großer Verlust ist. Aber vielleicht kann ich Ihnen dennoch weiterhelfen. Ich habe Lord Aberton damals den Maler empfohlen, als er ein Bild in Auftrag geben wollte. Der Künstler musste zahlreiche Vorstudien machen, da Ihre Hoheit und ihr Bruder niemals zusammen Modell gesessen haben. Diese Studienblätter sind erhalten geblieben und befinden sich hier in den Sammlungen. Ich werde Ihnen die Mappe bringen lassen. Leider weiß ich im Augenblick nicht, wo sie abgelegt ist, da ich mich zurzeit mit den italienischen Zeichnungen des 16. Jahrhunderts beschäftige, die in den Sammlungen in übergroßer Zahl vorhanden sind."

Er zeigte mit seiner Hand in die Runde, bediente einen Klingelzug und ein älterer Mann erschien, dem Lawrence auftrug, die Sammelmappe herbeizubringen.

Es verging einige Zeit, die wir mit oberflächlicher Plauderei verbrachten, und man merkte Holmes die Unruhe an, denn er musste vermuten, dass der Dieb auch diese Blätter beseitigt hatte.

Der Wärter kam wieder zurück und legte eine staubige Pappschachtel auf einen der Tische. Holmes musste sich zügeln, sich nicht darauf zu stürzen, sondern Sir Lawrence den Vortritt zu lassen.

„Danke Miller, Sie können gehen. Ich lasse Sie rufen, wenn wir Sie wieder benötigen. Sie müssen wissen", wandte er sich an uns, „Miller ist unser lebendes Inventarverzeichnis und er hat eine angeborene Fähigkeit, sogar Fehlablagen aufzustöbern, die sonst in diesem Chaos der Sammlungen unauffindbar wären."

Lawrence öffnete die Schachtel und reichte uns die Blätter. Ich habe oft gefunden, dass unsere Maler von Ölgemälden den Ausdruck der menschlichen Spontaneität wenig beherrschen und die dargestellten Personen etwas von Gliederpuppen haben. Die Zeichnungen jedoch überraschten mich durch ihre Lebendigkeit und Unmittelbarkeit des Ausdrucks, die gerade bei der Erfassung von Kindern unbedingt nötig sind. Besonders James, der damals dreijährige Bruder der Herzogin, war in seiner Mischung aus Keckheit und Bedachtheit mit seinem Lockenkopf entzückend getroffen, während die Jungendbilder der Herzogin wirkten, als wären sie mit Trauer und Misstrauen überzogen. Die Natürlichkeit und Präzision der Darstellung waren erstaunlich und der Künstler hatte nicht darauf verzichtet, das große Muttermal am Hals des Jungen abzubilden.

Holmes betrachtete jedes Bild eingehend, ließ sich aber nicht anmerken, ob er etwas Bemerkenswertes festgestellt hatte. Schließlich wurde das letzte Blatt sorgfältig wieder zurückgelegt. Wir bedankten uns und Holmes versicherte Sir Lawrence, ihn in Kenntnis zu setzen, wenn ihm noch etwas auffallen würde. Wir schauten uns mit Erlaubnis des Kustos eine Weile in der Kunstsammlung um und kamen zu demselben Ergebnis, dass nämlich der große van Dyck im Speisesaal das bei weitem bedeutsamste Kunstwerk im Haus war.

Zu unserer zweiten Verabredung erreichten wir pünktlich das imposante, von Säulen geschmückte Hauptportal von Burlington Hall, und die mittlere Tür ging auf, ohne dass wir uns bemerkbar machen mussten, denn an jedem Tag waren zwei Diener für den Türdienst angestellt, die durch zwei Fenster zu beiden Seiten das Kommen und Gehen beobachteten und schnell tätig wurden, wenn ein Besucher nahte. Ein junger Butler mit genauso steifer wie nichtssagender Miene geleitete uns in einen kleinen Raum an der linken Seite der großen Halle, die als eine Art Wartezimmer genutzt wurde, wenn Besucher oder Bittsteller zu einer Audienz bei seiner Hoheit erschienen. Wir brauchten nicht abzulegen, denn schon nach kurzer Zeit erschien James Aberton, der Bruder der Herzogin. Er war sehr groß und kräftig, wirkte dabei ein wenig schlaksig, und seine gebräunte Haut und das kurze helle Haar gaben ihm das Aussehen eines Sportmanns und Naturburschen, der unter den blassen Gesichtern seiner Mitmenschen besonders hervorstach. Er nahm auf der Treppe der großen Halle mehrere Stufen gleichzeitig, um ins Erdgeschoss zu gelangen, und wurde von Lord, dem Hund des Herzogs, begleitet, der ihm deutlich schwerfälliger und unwillig folgte.

„Muss mich zwei Tage um Lord kümmern", sprach er uns an, „Coventry ist überraschend verreist. Muss seine Mutter bei einer Repräsentationsaufgabe vertreten. Die alte Dame kränkelt wohl ein wenig."

Er sah unseren Mienen an, dass wir mit der Bezeichnung Ihrer Majestät als alte Dame nicht sehr glücklich waren, und wurde dann formaler.

„Mr. Higgins, Mr. Wilkins. Sie haben um eine Unterredung nachgesucht. Was kann ich für Sie tun?"

Er hatte einen äußerst kräftigen Händedruck und unter seinem legeren Anzug spannte sich jeder Muskel des Arms kräftig an. Ich hätte mit ihm nicht in einen Ringkampf verwickelt werden wollen. Sein Aussehen wurde etwas beeinträchtigt von dem großen Muttermal rechts am Hals, das er unter seinem Hemdkragen und einer dezenten Schminkschicht zu verbergen trachtete.

„Lassen Sie uns doch nach draußen gehen. Ich brauche etwas frische Luft, und Lord tut Bewegung gut. Wird dick und träge, der alte Junge."

Aberton hatte eine ungekünstelte und natürliche Ausdrucksweise, und nur wenige sprachliche Eigenarten deuteten auf seine weit entfernte Herkunft in Neuseeland. Draußen tollte er gleich mit Lord herum, ohne darauf zu achten, dass das Betreten der sorgsam gepflegten Rasenflächen in Nähe des Schlosses einem Sakrileg gleichkam. Es blieb uns nichts anderes übrig, als ihm über den grünen Teppich zu folgen.

„Ich war ein paar Tage krank", erklärte Aberton beiläufig, als er mit Lord das Stöckchenspiel wieder aufnahm, „Indigestion. Wahrscheinlich das ungewohnte Essen. Oder eine Vergiftung. Was meinen Sie, Higgins? Wohl nicht ausgeschlossen bei allem, was hier in den letzen Tagen so vorgefallen ist."

„Ich glaube nicht, dass man Sie auf so plumpe Weise beseitigen würde, Aberton", erwiderte Holmes ungerührt. Wir hatten Mühe dem jungen Mann zu folgen, der nun spielerisch mit Lord rangelte und einen Wettlauf veranstaltete, ohne auch nur ein bisschen außer Atem zu kommen. Wir erreichten bald den Rand der Rasenfläche und gingen nebeneinander auf einem breiten Kiesweg, der durch ein Gebüsch führte und sich bald in den Wäldern verlor, die das gesamte Anwesen im

Westen umgaben. Zu früheren Zeiten hatte man Sichtachsen in den Wald geschlagen, um den Anblick der verschiedenen Gebäude von Burlington Hall und nicht zuletzt den des griechischen Tempels als Mausoleum zu erhöhen und auf diese Weise überraschende Wirkungen zu erzielen. Doch die Wege waren zugewachsen und man konnte nur wenig von den optischen Plänen des Gartenbaumeisters erahnen. Unsere Zeit hält wenig von der Planung ästhetischer Sinneseindrücke und die Forschung versucht, das Wesen der Dinge zu ergründen und nicht aus ihrer Anordnung Freude und Genuss zu ziehen.

„Ich bin bald wieder weg", sagte Aberton, „sobald die Testamentsfragen mit meiner Schwester geklärt sind. Ich finde dieses Land furchtbar, das Wetter, das Essen, die Menschenmassen in den Städten und die steifen Adeligen hier auf dem Land. Das wird nie meine Heimat werden."

„Ist es zu anmaßend und ungehörig, wenn ich mich bei Ihnen nach dem Inhalt des Testaments erkundige?", fragte Holmes mit einer etwas gestelzten Wortwahl, die ich sonst bei ihm nicht kannte.

„Nein, durchaus nicht", antwortete Aberton und lächelte. „Diese Frage habe ich erwartet. Das Vermögen meines Vaters wird zwischen mir und meiner Halbschwester aufgeteilt. Der Alte hat daraus nie einen Hehl gemacht. Das Ganze kann keiner von uns bekommen, denn im Falle meines Ablebens oder des Todes meiner Schwester fällt deren Teil an gemeinnützige Organisationen. Sie sehen also, ich kann am Tod meiner Schwester kein Interesse haben und ich hoffe, dies gilt auch umgekehrt für sie."

Wir wandten uns nun langsam wieder Burlington Hall zu, das von der tiefer stehenden Sonne des Nachmittags eindrucksvoll beleuchtet wurde. Die teilweise vergoldeten Figuren auf den Dachsimsen strahlten majestätisch, der Sandstein der Fassade glänzte in zahllosen Schattierungen und die langen Fensterfronten reflektierten das Lichtspiel von Wolken und Sonnenstrahlen.

„Warum der Alte darauf bestanden hat, das Testament hier in England eröffnen zu lassen, weiß ich nicht", fuhr Aberton fort und pfiff Lord heran, „er wurde mit den Jahren immer kauziger. Glauben Sie mir, meine Herren, es ist nicht einfach für einen jungen Mann, einen Vater zu haben, der mindestens das Alter eines Großvaters hatte. Die Natur hat so etwas nicht vorgesehen und Sie können sich vorstellen, wie unangenehm es mir war, wenn Freunde zu Besuch kamen, dass er in seinen letzten Jahren im Rollstuhl zu Tisch gefahren werden musste und von seiner jungen Pflegerin gefüttert wurde, die hinter seinem Rücken mit den Gästen Grimassen schnitt."

Schneller als erwartet erreichten wir das Hauptportal von Burlington Hall, wo Aberton sich von uns verabschiedete, um leise pfeifend die wenigen Stufen hinaufzusteigen und mit seinem unverkennbaren, federnden Gang hinter den Säulen des Portikus zu verschwinden.

Mens sana in corpore sano, dachte ich und teilte meinen Eindruck Holmes mit, der aber in eigene Gedanken versunken schien und nur beiläufig nickte.

Ungewöhnliche Methoden

„Darf ich ihre ungewohnte Schweigsamkeit als Ausdruck der Missbilligung deuten?", fragte mich Holmes, als wir uns am späten Abend aufmachten, um auf Umwegen Burlington Hall zu erreichen. Wir hatten uns aus Holmes nahezu unerschöpflichem Fundus von passenden Kleidungsstücken dunkle Übermäntel angezogen, in deren Innentaschen allerlei Werkzeug verborgen war, das wir für unser nächtliches Tun benötigten, und die uns in der Dunkelheit des nächtlichen Schlosses ausreichend Deckung bieten sollten. Wir mieden den direkten Weg nach Burlington Hall, und ich folgte Holmes untrüglichem Orientierungssinn, der uns durch dichtes Gebüsch und Unterholz lotste, das von dem fahlen Licht des wolkenverhangenen Vollmonds nur wenig erleuchtet wurde.

„Natürlich ist mir unwohl bei dem, was wir planen", sagte ich mit deutlich vorwurfsvollem Unterton. „Bei allen vorausgegangenen Ermittlungen haben wir nie den Pfad des Gesetzes verlassen, Holmes. Es genügte, Ihrer deduktiven Logik, Ihrer Intuition und einigen modernen Techniken zu trauen. Sie werden also verstehen, dass mir nicht wohl bei der Sache ist."

Holmes schwieg und ich hatte Mühe, einen Sturz abzufangen, als ich über eine schlecht beleuchtete Baumwurzel stolperte.

„Besondere Aufträge erfordern eben besondere und eigenwillige Methoden", gab er schließlich als Gemeinplatz von sich, und ich unterdrückte die Bemerkung, dass ich einen nächtlichen Einbruch nicht für sonderlich kreativ und außergewöhnlich hielt.

„Wie wollen wir das Ganze anstellen? Alle Eingänge des Schlosses sind tagsüber und nachts bewacht und wir können die Wächter schließlich nicht um Erlaubnis bitten, uns in den Gemächern ihrer Verdächtigen umzusehen. Und eingeschlagene Fensterscheiben kommen wohl gar nicht infrage."

„Warten Sie's ab, Watson, und trauen Sie mir", beendete Holmes meine Einwendungen und ich fügte mich in mein Schicksal.

Bald erreichten wir den Fuß des Hügels, auf dem Burlington Hall lag, und Holmes wies in Richtung des Turms des Chevaliers, wo uns der Kammerdiener des Herzogs die abgetrennte Hand gezeigt hatte. Die Anhöhe des Schlosshügels war in diesem Bereich nur von Gras bewachsen, sodass wir uns beeilen mussten, sie hinaufzuklettern, um in der plötzlichen Helligkeit des Mondlichts nicht erkannt zu werden und um bald den mächtigen Schatten des alten Bollwerks zu erreichen. Die Pforte, welche in den Garten im aufgelassenen Wassergraben um den Turm führte, war nicht verschlossen und schnell standen wir an der Tür, welche der Kammerdiener bei unserem ersten Besuch nur mühsam hatte öffnen können. Die gesamte Rückfront des Schlosses lag in tiefer Dunkelheit und nur aus der Ferne konnte man bei viel Aufmerksamkeit Stimmen erahnen, ohne ihre Quelle zu lokalisieren.

Holmes nestelte in den Innentaschen seines Mantels. Es klirrte und schepperte metallisch und schließlich holte er einen blanken, riesigen Schlüssel hervor, mit dem sich die Tür ohne große Mühe im zweiten Versuch öffnen ließ.

„Wo haben Sie den her?", wollte ich wissen.

„Ich habe in meiner Tasche immer ein Stück sehr weiches Spezialwachs, mit dem sich vorzügliche Abdrücke machen lassen", erklärte Holmes mit einer gewissen Genugtuung in der Stimme. „Die wenigen Sekunden, die ich den Schlüssel bei unserem ersten Besuch in der Hand hielt und in denen ich George ablenkte, genügten für einen Abdruck, nach dem in London sehr schnell dieses Exemplar gefertigt wurde. Ich habe immer sehr viel davon gehalten, einen Besuch in der Stadt für verschiedene Erledigungen zu nutzen."

„Wilkinson und Temple, die Messerschmiede?", fragte ich und Holmes' Schweigen war Antwort genug.

Im Turm roch es wie bei unserem ersten Besuch muffig und feucht. Wir gingen anders als beim ersten Mal die steinerne Rundtreppe mit ihren unregelmäßigen Stufen nach oben anstatt nach unten und stöberten nach unserer ersten Umrundung Fledermäuse auf, die sich in den merkwürdigen gemauerten Nischen an der Seite der Treppe verbargen, aufflatterten und im Dunkel des Turms verschwanden. Der Sinn dieser Nischen war mir nicht klar, obwohl Holmes jede einzelne sorgsam mit seiner Lampe ausleuchtete, aber sie waren uns sehr hilfreich. Denn als wir ein Geschoss höher gestiegen waren, hörten wir schlurfende Schritte einer Person, die uns entgegen kam. Holmes Lampe war eine segensreiche Erfindung, denn so hell das Licht war, das aus einer der Seitenöffnungen fiel, so schnell konnte sie wieder verdunkelt werden, ohne dass die Flamme im Inneren gelöscht werden musste.

„Stellen wir uns ganz hinten in das Dunkel dieser Nische und verhalten uns vollständig ruhig", flüsterte Holmes und ich tat es ihm nach. Wir drückten uns in die hinterste Ecke eines dieser merkwürdigen Erker und zwar so, das der Herabsteigende uns nicht erkennen konnte, wenn er sich nicht zufällig umdrehte und uns beleuchtete. Langsam wurde es hell auf der

Treppe, der Schein einer kräftigen Kerze warf im Wechsel flackerndes Licht und Schatten auf die Stufen, und wir hörten Tritte in der Regelmäßigkeit eines Metronoms. Holmes und ich hielten den Atem an und versuchten, mit der kalten Steinwand hinter uns zu verschmelzen, als wir die Person erkannten, die ungestört an unserer Nische vorbeiging. Es war George, der Kammerdiener Seiner Hoheit, der einen Korb mit leeren Weinflaschen in der Hand trug. Er musste in den Jahren seiner Tätigkeit auf Burlington Hall jede einzelne unregelmäßige Steinstufe kennengelernt haben, denn er stieg in derselben steifen Haltung herab, in der er stundenlang bei Tisch hinter dem Stuhl seines Herrn verbrachte, ohne ein einziges Mal auf den Boden zu schauen. Ich erinnerte mich, dass George uns bei unserem ersten Besuch im Turm mitgeteilt hatte, dass unten die besonderen Weinschätze seiner Hoheit lagern, sodass er wahrscheinlich beauftragt worden war, für den fortgeschrittenen Herrenabend einige der Spezialitäten nach oben zu holen, obwohl sein Herr nicht anwesend war. Für unsere Aufgabe dürfte dies ein gutes Zeichen sein, denn die Herren, deren Zimmer wir untersuchen wollten, würden nicht allzu früh zu Bett gehen. Wir warteten, bis George zwei Etagen tiefer war, verließen unsere Nische und schlichen uns auf der Treppe weiter nach oben.

Immer wieder gingen seitlich Türen ab, die Holmes jedoch nicht interessierten, bis wir schließlich auf dem obersten Treppenabsatz standen. Die Holztür, welche vermutlich auf den Dachboden des Schlosses führte, war verschlossen und rührte sich auf unser Rütteln hin keinen Spalt in ihren Angeln. Holmes wurde nicht mutlos, sondern holte aus der Innentasche seines Mantels ein Werkzeug heraus, dessen Bedeutung ich zunächst nicht verstand. Es war ein Dietrich, dessen Spitze sich über eine feinste Mechanik so verstellen ließ, dass er nahezu jeden Schlüssel nachahmen konnte, wenn er nicht allzu groß war.

„Wilkinson und Temple?", vermutete ich wieder und lag mit dem Namen erneut richtig. Meine Hochachtung vor diesem Laden und seinem merkwürdigen Besitzer stieg weiter an.

Nach wenigen Versuchen quietschte das Schloss und ergab sich, wir öffneten vorsichtig die Tür und standen in einem schwarzen Nichts, welches das Dachgeschoss des Schlosses bei Nacht ausmachte. Tagsüber mochte zwischen den Dachpfannen genügend Licht hereinkommen, um für eine geringe Helligkeit zu sorgen, jetzt aber erkannten wir die Hand vor unseren Augen nicht. Selbst der Schein der kräftigen Lampe, welche Holmes bei sich führte, verlor sich im Gebälk der Dachkonstruktion, deren Balken und Ständer einem umgedrehten Schiffsrumpf glichen, soweit ich erkennen konnte.

„Wie sollen wir uns hier zurechtfinden?", äußerte ich meine Bedenken, doch Holmes ging mit traumwandlerischer Sicherheit weiter.

„Haben Sie einmal überlegt, lieber Watson, wie sich Ratten in ihren dunklen Labyrinthen unter unseren Städten zurechtfinden? Sie müssen eine Art Spezialsinn für ihre Orientierung haben. Ich habe mich bemüht, etwas Ähnliches zu erlernen. Die Pläne von großen Labyrinthen habe ich auswendig gelernt, etwa von dem in Hampton Court, und habe mich dann nachts dort einschließen lassen, um mit zusätzlich verbundenen Augen den Ausgang zu finden. Dies hier ist ein Kinderspiel, weil ich lange genug Zeit hatte, mir die Pläne des Schlosses einzuprägen. Ich kann Ihnen also auf einen Schritt genau sagen, wo wir uns gerade befinden. Unter uns liegt übrigens die große Bibliothek."

Ich hatte keine Chance, Holmes Angaben zu prüfen, fügte mich in mein Schicksal und vertraute ihm blind. Noch zweimal musste Holmes verschlossene Türen öffnen, wobei ich die Lampe hielt, deren Schein wegen meiner unruhigen Hand hin- und herzuckte. Wir durchquerten schließlich einen Gang, in dem riesige Schränke aufgereiht waren und deren Türen mit Schildern versehen waren, die angaben, welche Garderobe innen aufbewahrt wurde. Man hätte hier vermutlich ein Theaterstück über die Weltgeschichte der letzten dreihundert Jahre aufführen und auf diesen reichen Theaterfundus voller Requisiten zurückgreifen können. Mein eigenes Leben mit der Kleidung, welche in einen Koffer und eine Tasche passte, erschien mir plötzlich armselig. Das nächste Schloss setzte Holmes mehr Widerstand entgegen, bis es schließlich aufging. Wir befanden uns oberhalb der Räume, welche die herzogliche Naturaliensammlung enthielten und die durch den Tod von Lord Aberton, um dessen Erwerbungen aus aller Herren Länder bedeutend erweitert worden war.

„Hier haben noch Generationen zu tun", staunte ich angesichts der Fülle der Schätze und des heillosen Durcheinanders aus Kisten, Kartons und Alben sowie zahllosen Gläsern, die in Formalin eingelegte ganze Kadaver von Tieren enthielten. Sammelmappen voller getrockneter Schmetterlinge lagen achtlos gestapelt auf dem Boden, und wir wehten mit unseren Schuhen manche der unglaublich farbigen, langsam zerfallenden Flügelfragmente auf, die ein letztes Mal im Schimmer einer Lampe tanzten. In der Mitte des Lagerraums war ein hölzernes Skelett aufgebaut und Präparatoren bemühten sich bei Tag, die starre Lederhaut eines Nashorns daran zu befestigen, dessen Kopf uns unwirsch ansah. Lange hätte ich hier oben in diesem Kabinett der Naturgeschichte verweilen mögen, aber Holmes durchquerte den Saal achtlos und trieb zur Eile an, weil er fürchtete, der Herrenabend könne zu Ende gehen, bevor wir unsere Ermittlungen abgeschlossen hätten.

Ohne weitere Verzögerung erreichten wir den Ostturm von Burlington Hall, in dem eine Treppe uns zu den Räumen eines Teils der Dienerschaft führte. Besonders vorsichtig gingen wir nun weiter und spähten um jede Ecke, da wir fürchten mussten, auf den Gängen erkannt zu werden. Aber nichts rührte sich.

„Wessen Zimmer nehmen wir uns als erstes vor?", flüsterte ich.

„Reverend Murrays", antworte Holmes kurz angebunden und ließ meinen Einwand, dass diese winzige Person mir am unwichtigsten erschienen war, nicht gelten.

„Kleine Männer sind häufig von Ehrgeiz zerfressen, welcher sie zu abstrusen und unerwarteten Taten antreibt", meinte er, und mir schien heute ein Tag der Gemeinplätze zu sein.

Reverend Murray bewohnte zwei Zimmer neben der Privatkapelle der Herzogin, wie Holmes erfahren hatte. Beinahe wären wir kurz vor unserem Ziel doch noch entdeckt worden, denn bevor wir die Tür zu der Wohnung des Reverends öffnen konnten, verließ ein Dienstmädchen mit einer Kerze und einem Kohleneimer den Wohnraum des Priesters und wir konnten uns nur mit Mühe hinter einem mächtigen Eichenschrank auf dem Flur verstecken.

Um es kurz zu machen, wir fanden in den Zimmern nichts, was den Reverend in Verbindung zu unseren Ermittlungen hätte bringen können und im Grunde auch nichts, was auf ein eingenständiges Leben außerhalb seines geistlichen Dienstes oder auf Charakterschwächen hingewiesen hätte. Wenige gut gepflegte Kleidungsstücke hingen im Schrank und auf dem Nachttisch neben dem Bett mit Baldachin, welches das Mädchen für die Nacht aufgeschlagen und vorbereitet hatte, lagen Traktate mit religiösen Themen. Holmes durchsuchte in kurzer Zeit sämtliche Fächer und Schubladen des Schreibtisches, wobei er wie ein Pianist beide Hände mit ihren langen Fingern einsetzte, und wurde nicht fündig. Ein kleines Geheimfach, dessen banalen Federmechanismus er mit einer Messerklinge öffnete, war leer. Angesichts von Holmes' Geschicklichkeit bei dieser Aktion konnte man nur froh sein, dass er auf der richtigen Seite von Recht und Gesetz stand. Er hätte bei seinen Fähigkeiten und manuellem Geschick auch ein Genie des Verbrechens werden können.

Nicht viel besser erging es uns im Zimmer von Sir Lawrence, den Holmes nur deshalb observieren wollte, weil er eine geheime Verbindung zu dem verschwundenen Bild vermutete. Waren die Räume des Reverends von peinlichster Kargheit und Ordnung, so herrschte in dem Gästezimmer des Wissenschaftlers eine bemerkenswerte Unordnung, die eine sorgfältige Untersuchung sehr erschwerte, wenn nicht gar unmöglich machte. Stapel um Stapel von Büchern waren auf dem Boden und den Tischen verteilt, sodass wir in dem geringen Licht von Holmes Lampe aufpassen mussten, wohin wir traten, um das Ganze nicht wie ein Kartenhaus zum Umsturz zu bringen. Zahllose Exemplare von Bildern mit oder ohne Rahmen lehnten wie achtlos an die Wand, und wenn auch keine Meisterwerke darunter waren, so bedrückte mich doch der sorglose Umgang mit der Hinterlassenschaft anderer Generationen. Ich nahm von einer Staffelei einen Leinenvorhang ab, weil ich dahinter ein ausgestelltes Meisterwerk vermutete, aber der frische Ölgeruch hätte mich warnen müssen. Es war eine als Stillleben getarnte Kleckserei von Sir Lawrence selbst. Für einen Augenblick konnte ich ahnen, welche Kämpfe in dem Kopf dieses distinguierten Wissenschaftlers toben mussten zwischen seinen eigenen künstlerischen Ansprüchen und der Unfähigkeit, etwas zu schaffen, was nur annähernd an die Qualität der ihm anvertrauten Objekte heranreichte. Er mochte sich in seiner Selbstüberschätzung für einen Rembrandt halten und war doch nur ein Archivar, wenngleich zwei Arbeiten nach Gainsborough auf gewisse Qualitäten als Kopist hindeuteten. Die Werke von Sir Lawrence, wenn man diesen Artefakten einen solchen Namen geben wollte, waren achtlos zwischen den anderen Gemälden aufgestellt, als gehörten sie dazu und könnten durch die Nähe etwas von deren Ausstrahlung erwerben. Holmes begnügte sich damit, in den Reihen der aneinandergelehnten Bilder wie in einem Buch zu blättern, ohne schließlich eine nennenswerte Erkenntnis oder Vermutung von sich zu geben. Wir verließen bald diesen Raum, der von einer enzyklopädischer Besessenheit des Sammelns, wie von mangelnder eigener Kunstfertigkeit ein beredtes Zeugnis ablegte.

Auf dem Weg zu den Gemächern des Bruders der Herzogin konnte ich mir wieder einmal einen Eindruck von Holmes' Geistesgegenwart machen, denn wir begegneten auf einem der labyrinthischen endlosen Gänge des Schlosses einem der jüngeren Kammerdiener des Herzogs, der uns mit einer Mischung aus Überraschung und Befremden ansah, denn sein hübsches jugendliches Gesicht hatte noch nicht die regungslose, steinerne Miene von George angenommen. Wir hatten auf dem endlosen Gang keine Möglichkeit, uns zu verstecken, und so blieben wir stehen und warteten, bis der Diener nähergekommen war.

„Junger Mann", sagte Holmes, „wenn ich mich recht erinnere, ist Ihr Name Edward. Mein Begleiter, Mr. Wilkins, und ich haben uns als Teilnehmer des Herrenabends leider sehr verspätet und uns zu allem Unglück noch im Schloss verlaufen. Können Sie uns den Weg beschreiben?"

Edward, der von der Nennung seines Namens durch einen fremden Gentleman geschmeichelt und von dessen Kenntnis der abendlichen Gepflogenheiten auf Burlington Hall in seinem Misstrauen besänftigt war, bot sich an, uns persönlich zu begleiten, was von Holmes mit einem kenntnisreichen Vortrag über dessen zahlreiche Pflichten höflich aber bestimmt abgelehnt wurde. Der Weg stand uns wieder offen.

Es war mir ein Rätsel, warum man den Bruder der Herzogin in einer Zimmerflucht untergebracht hatte, die in ihrer Mischung aus überladenem Prunk bei gleichzeitiger jahrelanger Vernachlässigung der Räume so gar nicht zu dem Charakter des Naturburschen aus den Kolonien passen wollte. Dekor und Zierrat an allen Wänden, Plüsch und eine Fülle von klobigem Mobiliar, zwischen dem wir uns einen Weg bahnen mussten. Später erfuhr ich, dass in diesen Zimmern die Schwiegermutter eines früheren Herzogs über viele Jahre gelebt hatte und in ihnen auch verstorben war. Im Schlafraum war ein Alkoven als Schlafstatt vorbereitet, aber Aberton hatte es vorgezogen, sich ein karges Feldbett aufbauen zu lassen. Als wollte er seinen inneren Abstand zu dem Haus, in dem er Gast war, und zu dem Land demonstrieren, waren seine beiden riesigen

Schrankkoffer nicht ausgepackt und ein zusammenklappbarer Waschtisch in der Nähe seines Bettes enthielt nur die allernötigsten Gegenstände der täglichen Hygiene. Ohne weitere Angaben über den Sinn seines Tuns durchstöberte Holmes die Garderobe des jungen Mannes, die mit allen Accessoires von erlesener Qualität war. Kostbare Stoffe für die Anzüge, feinstes Leder für Schuhe und Stiefel, goldene Manschettenknöpfe und Taschenuhren und der Siegelring des verstorbenen Lord Aberton. Wir konnten nichts finden, was an Qualität der Verarbeitung und der verwendeten Materialien nicht höchsten Ansprüchen gerecht wurde. Es war die untadelige Ausstattung eines Gentlemans der höchsten Gesellschaft.

„Kommen Sie Holmes", flüsterte ich meinem Gefährten zu, „hier werden wir nichts finden, was uns weiterhilft." Doch Holmes schien in einem merkwürdigen fiebrigen Trancezustand verfallen zu sein, hatte sich mit geschlossenen Augen in einen Sessel nahe des glimmenden Kaminfeuers gesetzt, und die Fingerspitzen beider Hände berührten und entfernten sich in einem monotonen Rhythmus.

„Ja, lassen Sie uns gehen, Watson", sagte er mit resignierter Stimme, „obwohl ich glaube, dass dieses Zimmer irgendwo die Lösung des Rätsels birgt. Aber ich kann sie nicht erahnen, weil mir die winzigen Kristalle der hilfreichen Droge fehlen, die sonst mein Bewusstsein und meine Aufnahmefähigkeit so unglaublich steigern können."

Doch als wir an der Tür waren, wandte sich Holmes noch einmal um und ging zum Waschtisch. Ich glaubte, er wollte aus einer Wasserkaraffe etwas trinken, aber er nahm eine kostbare geschliffene kleine Glasflasche hoch, die in einem schweren Silberständer untergebracht war. Sie enthielt eine grünliche

Flüssigkeit und war mit dem Namen des Herstellers versehen. „Scotts mouthwash" stand eingraviert auf der Vorderseite und darunter der Hinweis, dass es sich bei dem Hersteller um den königlichen Hoflieferanten handelte. Holmes gab ein paar Tropfen auf die Kuppe seines Zeigefingers, probierte den Inhalt, wiederholte den Vorgang noch einmal und steckte dann den Stopfen in die Flaschenöffnung zurück.

„Was soll das, Holmes?", brummelte ich, müde und enttäuscht von unserem geringen abendlichen Erfolg. „Was haben Sie in der Flasche entdeckt?"

„Den Mörder", sagte Holmes ungerührt und die beiden so beiläufig vorgebrachten Worte ließen meinen Herzschlag nach oben schnellen. Erst nach einer Weile fasste ich mich.

„Ist Gift in der Glasflasche? Soll der junge Aberton ermordet werden?"

„Nein, so einfach ist das nicht, ganz und gar nicht. Wenn ich nur wüsste, was es mit dem Spiegel auf sich hat, von dem die alte Kinderfrau sprach. Er bleibt das letzte Rätsel", murmelte Holmes mehr zu sich selbst, denn er schien meine Anwesenheit vergessen zu haben, und war auch auf gutes Zureden nicht zu bewegen, seine kryptischen Andeutungen weiter zu erläutern.

Ein Unfall?

„Ein Unfall, ein ganz gewöhnlicher Unfall", sagte Professor Mason und blickte selbstbewusst in die Runde. „Bedauerlich, sicher, aber nichts, was nicht jeden Tag vorkommt, und ganz gewiss nichts, was das Leben auf Burlington Hall beeinflussen wird."

Um einen leblosen Körper, der mit einem grauen Tuch bedeckt und halb durch einen Hortensienbusch im Innenhof des Schlosses verborgen war, standen einige Angehörige des Dienstpersonals, die von dem Vorgefallenen erschreckt erschienen und sich gleichzeitig wie gelähmt der Autorität des Professors unterwarfen. Mason sah mit hochmütigem Blick ringsherum und schien einen jeden der Anwesenden mit seinen kalten, unnachsichtigen Augen zu mustern. Nicht zuletzt seine Körpergröße und das Adlerprofil seines Gesichts verschafften ihm Respekt und Prestige. Selbst Holmes hielt sich abseits und verzichtete auf einen Widerspruch.

„Ich habe vor zwei Jahren eine Schrift mit Untersuchungen zu Unfällen im Haushalt vorgelegt und fühle mich in meiner Auffassung glänzend bestätigt. Die junge Frau ist sicher bei Reinigungsarbeiten aus dem Fenster des dritten Stocks gestürzt und so zu Tode gekommen."

Alle blickten wie auf ein Signal hin gleichzeitig nach oben und manche nickten und murmelten zustimmend.

„Gewisse banale Sicherheitsvorkehrungen, zu denen ich in meiner sehr lesenswerten Schrift Stellung genommen habe, hätten diesen Unfall verhindern können."

Der Professor wandte sich ab und beauftragte mit deutlich leiserer Stimme zwei Männer, eine Bahre zu holen, die Leiche abzutransportieren und sie dem Bestatter anzuvertrauen. Eine weitere Untersuchung sei nicht notwendig, wenn er die Leichenschau vorgenommen habe. Er bürge mit seinem guten Ruf als königlicher Leibarzt für den korrekten Umgang mit dem Unglücksfall. Sofern Angehörige existierten, möge man sie benachrichtigen. Er werde bei Gelegenheit den Herzog informieren, der sich sicherlich großzügig erweisen und für die Begräbniskosten aufkommen werde.

Holmes und ich hatten nach unserer nächtlichen Exkursion in die Gästezimmer auf Burlington Hall wieder einmal länger geschlafen und erst spät und ausgiebig gefrühstückt, sodass wir auf ein Mittagessen verzichteten. Holmes war die ganze Zeit schweigsam, antwortete auf meine unverfänglichen Fragen einsilbig und aß wie mechanisch, wobei er sich ein buntes Sammelsurium von Speisen auf seinen Teller gelegt hatte. Unsere Haushälterin und Köchin hatte uns beiläufig von dem Unglücksfall berichtet, als sie den Tisch abräumte. Eines der Küchenmädchen von Burlington Hall, das ihr mittags zur Hand ging, hatte die Nachricht überbracht und gleichzeitig allerlei Tratsch und Gerüchte verbreitet.

War Holmes noch bei der Ermordung des Pferdeknechts vor einigen Tagen von einer fiebrigen Hektik befallen, so wirkte er jetzt phlegmatisch, um nicht zu sagen, desinteressiert. Er setzte ungerührt das Frühstück fort und mied meinen fragenden Blick.

„Der letzte Akt beginnt", sagte er schließlich feierlich und mit einem Hauch von Melancholie und erhob sich vom Tisch, wobei er pedantisch seine Serviette faltete, „ich habe mit so etwas gerechnet, ohne den Gang der Dinge aufhalten zu können. Kommen Sie, Watson, lassen Sie uns zum letzten Mal Zuschauer sein. Wir werden bald in die Handlung eingreifen müssen."

Ohne Eile gingen wir zum Schloss, durchquerten den Wirtschaftstrakt, auf dem das alltägliche Leben ungestört weiterzugehen schien, spazierten an den Dienstbotenhäusern vorbei, wo unser Auftreten mittlerweile kein Aufsehen mehr hervorrief, und erreichten den Schlosshof, wo wir die Unglücksstelle an dem Halbkreis der Zuschauer erkannten.

Als der Professor seine Rede beendet hatte und dringende Geschäfte im Schloss vorgab, sodass er die Leichenschau erst später durchführen könne, zerstreuten sich die Umstehenden langsam und flüsterten leise. Die Frauen bekreuzigten sich, die Männer setzten erst in einiger Entfernung vom Unglücksort ihre Mützen auf und ich hatte den Eindruck, dass sie sich unter die Kraft einer ominösen Macht duckten und nicht an eine natürliche Erklärung für das Vorgefallene glauben mochten.

„Lassen Sie uns die Vorgesetzte des jungen Mädchens befragen", schlug Holmes vor, „vielleicht weiß sie etwas über den Tagesablauf des unglücklichen Opfers zu berichten. Natürlich war es kein Unfall, was immer auch Professor Mason glauben mag. Da sind wir uns doch einig, Watson?"

„Wenn Sie es sagen, Holmes. Aber warum?"

„Weil der Mörder unruhig wird und deshalb zum ersten Mal einen Fehler gemacht hat. Wir müssen ihn dazu bewegen, noch einmal in der gleichen Weise vorzugehen, und ihm eine Art Lockvogel anbieten."

„Sie wollen doch nicht andeuten, dass Sie noch so ein unschuldiges Geschöpf wie dieses junge Hausmädchen opfern wollen?"

„Nein, durchaus nicht, Watson. Ich werde mich selbst zur Verfügung stellen."

Ich blieb sprachlos stehen und folgte Holmes erst einige Momente später, als er die Tür in einem Seitenflügel des Schlosses öffnete, die zur Küche und den Räumen der Hauswirtschaft führte. Weil wir niemanden trafen, liefen wir ohne Orientierung Gänge und Flure entlang, von denen Türen abgingen zu Räumen, deren Sinn und Zweck uns verborgen blieben. Schließlich folgten wir unserer Nase, mit der wir feinste Essensdüfte wahrnahmen, und hörten zuerst das Geklapper von Töpfen und schließlich das hemmungslose Schluchzen einer Frau.

An einer Tür, die uns am ehesten richtig erschien, klopften wir mehrmals an und traten ohne Aufforderung ein, weil wir kein „Herein" vernommen hatten. Die Küche war riesig, eine gewölbte Halle mit Borden für Töpfe und Pfannen auf der einen Seite, Geschirrschränken auf der anderen, und mehreren Herden an der Stirnseite. Die kupfernen Gerätschaften glänzten und alles war um diese Uhrzeit nach dem Mittagessen geordnet und aufgeräumt, sodass man nichts von der Hektik eines großen Haushalts erahnen konnte. An einem der Spülbecken stand eine korpulente ältere Frau, hatte die Ärmel hochgekrempelt und schruppte unter kraftvollem Einsatz ihrer muskulösen Arme, welche das Rüschenband des Kleides nahezu zum Platzen brachten, zwei riesige angebrannte Töpfe. Unseren Eintritt hatte sie bemerkt, ließ sich aber in ihrem Tun und jammervollem Klagen nicht stören und wandte uns weiterhin ihren Rücken zu.

„Verhext ist dieses Haus, ich sage es euch, verhext, verhext", schimpfte sie und zog die Nase hoch, weil ihre beiden Hände mit der Arbeit im Spülstein beschäftigt waren.

„So ein liebes Mädchen war die Kleine, nie ein Widerwort, immer gutwillig und pünktlich", sie sah Holmes und mich fragend an, ob wir es etwa wagen würden, etwas Gegenteiliges zu behaupten, und wandte sich dann wieder ihren Töpfen zu, deren Boden sie gnadenlos mit einem Schaber bearbeitete, sodass es mich von den hohen kreischenden Kratzgeräuschen schüttelte.

„Gerade verlobt hatte sie sich, unsere kleine Lucy, mit Paul, einem von den Gärtnerburschen, und sie gingen ja schon länger zusammen. So ein schönes Paar! Wie konnte das nur passieren? Aber ich hab es ja immer gesagt, der Raum da oben ist verhext, verhext, verhext."

Der Rest ging wieder in Schluchzen unter. Wir warteten, bis sie sich beruhigt hatte, und fragten sie, ob sie die Vorgesetzte des jungen Mädchens sei. Sie sei hier nur die erste Köchin, gab sie zur Antwort, und Lucy habe gelegentlich in der Küche ausgeholfen, wenn es zu viel Arbeit bei den großen Gesellschaften gegeben habe. Zuständig für das Dienstpersonal in dem großen Haus sei die Hausdame, Mrs. Trollope, die wir in ihrem Büro am Ende des Flurs finden könnten. Sie setzte sich an den großen blank gescheuerten Küchentisch, strich sich die Haare aus dem Gesicht und wischte sich mit ihrer weißen Schürze die Augen, während unentwegt Tränen nachliefen.

„Glücklich die Seele, um die so getrauert wird", sagte Holmes, als wir die Küche verlassen wollten. Doch die Köchin rief uns noch einmal zurück.

„Verhext ist das Haus, verhext", nahm sie ihre Beschwörung wieder auf und winkte Holmes nahe an sich heran, der sich aus seiner Höhe zu ihr hinunterbeugen musste.

„Und wissen Sie was? Eines von den Mädchen Ihrer Gnaden

hat vor ein paar Tagen den Teufel gesehen." Sie reckte das Kinn vor und nickte energisch mit dem Kopf, als wolle sie so ein Ausrufezeichen setzen.

„Tatsächlich?", antwortete Holmes, ohne sich seine Skepsis anmerken zu lassen.

„Ja. Tatsächlich", flüsterte die Köchin, als fürchtete sie, die Erscheinung in der Küche durch die Nennung des Namens aufleben zu lassen, wenn sie lauter spräche. „Katie hat ihn gesehen. Sie ist die zweite Zofe Ihrer Gnaden und musste eines Abends vom Boden ein Kleid für Ihre Hoheit herunterholen, weil ein neues Abendkleid nicht rechtzeitig fertig geworden war. Und da hat sie ihn gesehen. Er war riesig."

Sie breitete die Arme zur Seite und nach oben aus, sodass man angesichts des Körperumfangs der Köchin auf ein erhebliches Volumen bei dem Beelzebub schließen konnte.

„Und er trug die Jacke von einem Frack und einen Zylinder und war von oben bis unten behaart, hat Katie gesagt, und dass sie nie wieder alleine nach oben geht, obwohl er ihr nichts getan hat, sondern Reißaus genommen hat, als er sie sah."

„Bemerkenswert", meinte Holmes, als wir schließlich die Küche verließen, „aber ich glaube, wir dürfen für die Erscheinung auf dem Dachboden eine banalere Erklärung suchen als den Höllenfürsten, der wohl kaum in einem Frack hereinspaziert käme und so leicht in die Flucht zu schlagen ist."

Mrs. Trollope saß in einem winzigen Büro an einem Schreibsekretär und war über Rechnungsbücher mit zahllosen Spalten gebeugt. Sie war von asketischem, knochigem Habitus, begrüßte uns schmallippig und gab uns zu verstehen, dass sie uns nur wenig Zeit opfern könne. Ihr Gesicht wirkte verschlossen, müde und traurig und ein zarter roter Rand um die Augen hinter den Brillengläsern zeigte mir an, dass auch sie geweint haben musste um ein Mädchen, das ihr anvertraut worden war, in dem Glauben, die Anstellung in einem hoch angesehenen Haus biete eine gute Aussicht für eine gesicherte Zukunft. Ich habe bei meiner Menschenkenntnis die Erfahrung gemacht, dass die Trauer des Melancholikers ehrlicher und tiefer empfunden sein kann als die Theatralik des Cholerikers. Holmes schaffte es, mit einer Mischung aus Einfühlungsvermögen und Charme die anfangs kühle Stimmung zu erwärmen und das Eis zum Schmelzen zu bringen, und wir erfuhren, was wir wissen wollten. Mrs. Trollope hatte das verunglückte Dienstmädchen heute Morgen beauftragt, im Speisezimmer der herzoglichen Familie die Fenster zu putzen, weil die Herzogin entgegen der Ankündigung in ihren Räumen frühstücken wollte, da ihr Mann nicht anwesend war und deshalb der Saal nicht benutzt wurde.

„Um zehn Uhr bin ich hochgegangen", fuhr Mrs. Trollope fort, „weil ich nachsehen wollte, was Lucy so anstellt. Mir dauerte das Putzen zu lange und die Kleine war manchmal etwas träge und verträumt. Ich habe sie immer wieder erwischt, wie sie auf einem Stuhl saß, gegen die Decke schaute, vor sich hinsummte und dabei schaukelte. Oft habe ich sie ermahnen müssen, fleißiger zu sein, wenn sie insgesamt auch gutmütig und willig war. Um zehn habe ich die Tür vom Speisesaal aufgemacht, aber da war sie nicht mehr zu sehen, nur ihr Putzeimer stand da. Ich habe mir nichts dabei gedacht, denn sie hatte sich vielleicht neue Putzlappen geholt. Um elf bin ich dann doch misstrauisch geworden, bin noch einmal nach oben gegangen, und weil Lucy immer noch nicht zurück war, bin ich ans Fenster getreten, um ihre Arbeit zu begutachten, und da habe ich sie unten im Gebüsch …"

Mrs. Trollope wandte sich ab und wir schwiegen eine Weile.

„Dann glauben Sie also an einen Unfall, Mrs. Trollope?", nahm Holmes endlich die Befragung wieder auf. „Das Mädchen ist beim Balancieren auf dem Fenstersims ausgerutscht und abgestürzt?"

„Dann müsste sie vor ihrem Absturz das Fenster verschlossen haben", sagte Mrs. Trollope ungerührt, „denn als ich kam, war der Riegel innen umgelegt und eingehakt."

Holmes und ich sahen uns an.

„Sind Sie sicher, Mrs. Trollope? Sie wissen, was das bedeutet?", hakte Holmes nach.

„Ich bin meiner Sinne mächtig, Mr. Higgins, auch wenn ich schon alt bin. Zunächst einmal bedeutet dies nur, dass jemand in dem Speisesaal gewesen sein muss, als oder nachdem das Unglück geschah."

Holmes nickte zustimmend angesichts der unbestreitbaren Logik dieser Aussage.

„Haben Sie sonst etwas Ungewöhnliches bemerkt oder hat man Ihnen etwas zugetragen?"

„Wissen Sie, Mr. Higgins, in einem so großen Palast mit so vielen Menschen wird immer getuschelt und getratscht. Bedenken Sie bitte, dass Teile der Anlage bald tausend Jahre alt sind. Es gibt hier viele Spukgeschichten und Gespenstererzählungen. Die Schwiegermutter eines der Vorgänger seiner Hoheit soll in den Räumen, die der junge Lord Aberton bewohnt, umgehen, und im Normannenturm werden immer wieder ein Butler und ein Hilfsjunge gesehen, welche die Treppe hinuntersteigen, um Wein aus dem Schatzkeller des Herzogs zu holen."

Ich wollte etwas über unsere nächtlichen Beobachtungen sagen, aber Holmes gab mir ein Zeichen, zu schweigen.

„Man darf all diesen Geschichten nicht allzu viel Glauben schenken", fuhr Mrs. Trollope fort, „Sie haben sicher von dem Mädchen gehört, das auf dem Dachboden den Teufel gesehen haben will? Wie ich die Köchin kenne, wird sie geplappert haben. Aber eines ist merkwürdig. Als das Unglück, ich will es immer noch so nennen, mit Lucy geschah, war nebenan ein anderes Mädchen mit den Böden beschäftigt. Es ist der Raum, den die jungen Herzöge früher als zusätzliches Spielzimmer nutzten. Das Mädchen hat mir später bei meiner Befragung unter Tränen gesagt, dass sie nichts, aber auch rein gar nichts gehört hat."

Mrs. Trollope schien unseren Besuch als beendet zu betrachten, denn sie wandte sich wieder ihren Rechnungsbüchern zu.

„Eine Frage noch, Mrs. Trollope, dann lassen wir sie wieder in Ruhe ihre Arbeit verrichten", setzte Holmes unsere Befragung fort, „ist Ihnen an der Wäsche, die in den vergangenen vierzehn Tagen in den Gästezimmern angefallen ist, etwas Besonderes aufgefallen?"

Mrs. Trollope dachte auf ihre sorgfältige Art eine Weile nach, und mir war der Zusammenhang dieser seltsam banalen Frage mit unseren Ermittlungen völlig unverständlich.

„Jetzt, wo Sie es sagen, Mr. Higgins, fällt mir etwas ein. Eines von den Wäschemädchen kam vor einigen Tagen zu mir und beschwerte sich über schwarze Flecken in den Handtüchern, die in den Gästeräumen gesammelt werden. Die Verfärbungen ließen sich mit den üblichen Mitteln nicht beseitigen und ich habe sie angewiesen, diese Handtücher wegzuwerfen, damit die Gäste sich nicht über unsere ungenügende Reinigung beschwerten. Da die Wäsche in großen Körben gesammelt wird, kann ich Ihnen leider nicht sagen, aus welchem Zimmer sie stammte."

„Das ist auch ohne Bedeutung", erwiderte Holmes und wir verabschiedeten uns und dankten für die Mithilfe der Hausdame.

„Aber warum wurde das Fenster geschlossen, als das Mädchen abgestürzt war", fragte ich Holmes, als wir den Küchentrakt des Schlosses verließen. „Welchen Sinn macht das?"

„Vielleicht sollte verhindert werden, dass irgendein Wesen, ob Mensch oder Tier, den Raum verlässt und an der Fassade entlangklettert. Denken Sie nur an Ihr Erlebnis in der Nacht, als Sie die vergitterte Kutsche mit dem unheimlichen Insassen gesehen haben."

Letzte Erkenntnisse

„Treten Sie nur näher, meine Herren, keine falsche Bescheidenheit."

Ein sichtlich aufgeräumter Professor Mason wusch sich an einer Pferdetränke die Hände, während sein gelangweilter Gehilfe gegen eine Schuppenwand lehnte und ein undefinierbares Kraut rauchte. Mason hatte seinen Rock ausgezogen und die Ärmel seines Hemds hochgekrempelt, sodass die kräftig geäderten, über und über behaarten Unterarme zum Vorschein kamen, die in deutlichem Gegensatz zu seinem nahezu kahlen Schädel standen. Bei dem Schuppen handelte es sich um den wenig anspruchsvollen Aufbahrungsraum für die verstorbenen Dienstboten und Landarbeiter von Burlington Hall und durch die Schuppentür sah man die mit einem löchrigen Tuch bedeckte Leiche des Dienstmädchens, die auf einem Holzbrett lag, das auf zwei Böcken abgestellt war.

Ich bemerkte bei Holmes eine seltsame Scheu und fast schüchterne Zurückhaltung dem Professor gegenüber, die ich von meinem Freund sonst nicht kannte und die ich mir nicht zu erklären wusste, denn sein überaus kritischer und unbestechlicher Verstand hatte nie vor dem Ansehen von sogenannten Autoritäten haltgemacht. Holmes wartete, bis Mason sein ausgiebiges Waschritual beendet hatte, wieder in seinen Rock geschlüpft war und auf der spiegelnden Wasseroberfläche sein Aussehen überprüft hatte. Dann bat er um die Erlaubnis, die Leiche noch einmal untersuchen zu dürfen. Achselzuckend, als hätte er jedes Interesse an dem armen Mädchen und dessen

Schicksal verloren, hatte Mason keine Einwände, da er seine Meinung über den Unfall schon vorher gefasst hatte und er generell Zweifel an seiner Autorität erst gar nicht aufkommen ließ.

„Bitte, bitte. Tun Sie, was sie nicht lassen können, meine Herren. Wie ich schon vermutete, ein Unfall. Keine Zeichen von Gewalteinwirkungen, die nicht durch den Sturz zu erklären wären. Und zudem virgo intacta, wenn Sie verstehen, was ich meine, sodass auch die Möglichkeit ausscheidet, dass ein anderes vorausgegangenes Verbrechen vertuscht werden sollte. Nun, ich überlasse Ihnen das Feld."

Mit seinem unverkennbaren, federnden Gang wandte er sich ab, sein Gehilfe nahm die Tasche, und sie gingen Richtung Schloss zurück, der Gehilfe einige Schritte hinter ihm.

„Warum sind Sie gegenüber diesem eingebildeten Angeber so zurückhaltend, um nicht zu sagen, devot, Holmes?", fragte ich ärgerlich.

Holmes war bereits damit beschäftigt, aus den Innentaschen seines Überziehers Utensilien für die Leichenschau herauszuholen, darunter besonders eine kleine, aber sehr starke Lupe, die er vorsichtig einem Lederetui entnahm, und eine Pinzette.

„Weil er mir als jungem Mann einmal das Leben oder zumindest meinen rechten Arm gerettet hatte, Watson", erklärte Holmes zu meinem Erstaunen. „Sie wissen Watson, dass ich in meinen jungen Jahren einige Zeit in einem Hospital gearbeitet habe, um meine Studien der menschlichen Physiologie zu vervollkommnen. Dabei habe ich mir bei einer Leichenöffnung eine banale Schnittwunde an einem Finger zugezogen, die allerdings rasch zu einer eitrigen Infektion führte und mich mein Leben hätte kosten können. Mason wird sich nicht mehr daran erinnern, aber er hat mir damals durch sein beherztes, von keiner Skepsis und Skrupel verzögertes Handeln sehr geholfen, obwohl er nur Assistent war und sein Vorgesetzter, ein sehr berühmter Arzt, ihm den Eingriff ausdrücklich verboten hatte."

Ich hatte verstanden und enthielt mich weiterer Bemerkungen.

Auch diesmal will ich auf Einzelheiten beim Umgang mit der Toten verzichten und nur berichten, dass Holmes eine äußerst sorgfältige Leichenschau an den sterblichen Überresten des jungen Dienstmädchens vornahm und meine Rolle in den Handreichungen eines Handlangers und Zuschauers bestand. Lange Zeit fand Holmes nichts, was gegen die Vermutungen des Professors sprach, bis er nahezu zum Schluss der Untersuchung die Fingernägel des Mädchens untersuchte. Die Unglückliche hatte trotz ihrer Jugend schon vorgealterte Hände mit Schwielen und Schrunden und an den Unterarmen erkannte man kaum verheilte Brandwunden von den alltäglichen Verbrennungen im Küchendienst. Die Fingernägel waren kurz und rissig und in einer Spalte hatte sich ein winziger Rest eines abgebrochenen Haars verfangen. Holmes zog den Stummel vorsichtig mit seiner Pinzette heraus, legte ihn auf ein Blatt Papier, wo er ihn mit einem Tropfen Kautschuk befestigte, damit er nicht vom Wind davongetragen würde. Die kostbare Lupe kam zum Einsatz und nach einer Weile ließ Holmes auch mich durch das Glas schauen. Es handelte sich um ein Stück eines grauen, ungewöhnlich dicken und gedrillten Haares, an dessen menschliche Herkunft ich nicht glauben wollte. Holmes faltete den Zettel mit dem Fundstück vorsichtig zusammen und steckte ihn in die Innentasche seines Mantels, der einer Asservatenkammer zu gleichen schien.

„Wenn ich zu Hause wäre, könnte ich in Boyles „Atlas and Compendium of animal hairs" nachsehen, um welche Art von Haar es sich handelt, denn an einen menschlichen Ursprung glauben wir beide nicht. Aber ich habe einen begründeten Verdacht."

„Sie spannen mich schon wieder auf die Folter, Holmes", murrte ich, denn ich hatte von Holmes Andeutungen und Beweisen seiner geistigen Überlegenheit die Nase voll.

„Gedulden Sie sich nur ein Weilchen, lieber Freund", besänftigte mich Holmes, der meinen unwirschen Tonfall bemerkt hatte. „Morgen um diese Zeit hat sich der Nebel gelichtet und Sie werden klar erkennen, was im Grunde jetzt schon mit den Händen zu greifen ist."

„Königliche Hoheit, ich beschwöre Sie, lassen Sie Ihre Frau in den nächsten zwölf Stunden nicht aus den Augen!"

Ernst und eindringlich wiederholte Holmes diesen Satz, ohne den Grund für seine Aufforderung auch nur anzudeuten.

„Stellen Sie Wachen vor die Türen, verriegeln Sie die Fenster, lassen Sie niemanden zu ihr und überprüfen Sie Speisen und Getränke, indem Sie alles vorkosten lassen, was Ihre Gattin zu sich nimmt. Diese Vorsichtsmaßnahmen sind absolut notwendig, aber sie müssen sehr diskret gehandhabt werden, um Gerüchte zu vermeiden. Ich versichere Ihnen, ja ich verspreche Ihnen, dass ich Ihnen morgen in der Früh den Täter präsentieren werde, der hier im Schloss sein Unwesen treibt und zwei Menschen auf dem Gewissen hat."

Holmes und ich hatten am späten Nachmittag Mr. Corless in seinem Büro aufgesucht, der uns höflich, wenn auch leicht gereizt empfing. Holmes bestand darauf, sofort den Herzog sprechen zu müssen, was erst nach einer längeren Diskussion von dem Sekretär genehmigt wurde. Seine Königliche Hoheit sei erst vor einer Stunde von anstrengenden offiziellen Verpflichtungen zurückgekehrt, wobei er den Weg vom Schloss seiner Mutter zu Pferd zurückgelegt habe, und er schätze es überhaupt nicht, noch in Reisekleidung gestört zu werden. Holmes insistierte und Mr. Corless, dem unsere Anwesenheit auf Burlington Hall nicht mehr sonderlich zu gefallen schien, führte uns zu Seiner Hoheit.

Der Herzog von Coventry hielt sich in seinem Ankleidezimmer auf, wie uns sein Kammerdiener Matthew versicherte, den wir auf einem der Gänge trafen, als er frische Kleidung herbeiholte. Eine Spur schlammiger Fußabdrücke auf den Teppichen führte uns direkt dorthin.

Mehrfach klopfte Mr. Corless an die Tür zu diesem sehr privaten Raum und es musste als besonderer Vertrauensbeweis des Herzogs zu seinem langjährigen Sekretär gewertet werden, dass er schließlich die Tür öffnete, ohne die Erlaubnis abzuwarten. Der Herzog lag schnarchend und in seiner Reitkleidung auf einer Chaiselongue und die verschmutzten, feuchten Stiefel hinterließen auf dem kostbaren dunkelroten Stoff einen feuchten Fleck.

„Was, wo bin ich?", rief Seine Hoheit aus, als er aufwachte, nur langsam zu sich kam und zuerst Corless erkannte. Mühsam setzte er sich auf und blickte unsicher in die Runde, bis er vollständig wach war.

„Scheußlicher Ritt heute, alles matschig und feucht. Hätte nicht auf Anthony hören sollen, liebt immer Abkürzungen. Steckten irgendwo im Moor fest. Wo Sie schon da sind, meine Herren, helfen Sie mir mal mit den Stiefeln! Matthew ist wieder mal nicht da, wenn man ihn braucht. Wo steckt dieser Bursche nur, Corless?"

Der Sekretär gab sich keine Blöße.

„Wir haben ihn vorhin gesehen, als er frische Kleidung für Eure Hoheit besorgte, und ich denke, er wollte ein Bad vorbereiten."

„Gut, gut. Braver Bursche."

Mit vereinten Kräften schafften Corless und ich es, dem Herzog die nassen Stiefel, die sich an den Beinen festgesogen hatten, mit drehenden Bewegungen auszuziehen, was bei Seiner Hoheit zu einer Bekundung des Wohlbefindens führte. Holmes nutzte unterdessen die Gelegenheit, den Herzog auf die besondere Gefährlichkeit der Lage hinzuweisen und zugleich die Lösung des Falls für den kommenden Tag in Aussicht zu stellen.

„Na, meinetwegen, Mr. Holmes. Hoffe, Sie übertreiben nicht zu sehr. Werde ein gutes Auge auf meine Gattin haben. Wird sich über soviel Zuwendung wundern, was Corless? Sie werden die Wachmannschaft verstärken und alle Fenster verriegeln lassen. Mit dem Essen und den Getränken wird es kaum Probleme geben. Unsere Köchin ist absolut zuverlässig und hat die Speisen für das Dinner schon gekocht. Der Erzbischof ist heute Abend unser Gast und er wünscht immer schlichte Speisen und keinen Aufwand. Es wird dasselbe geben wie heute Mittag, und da ihm alles gut bekommen ist, dürfen wir seine Leistung als Vorkoster als Gottesurteil nehmen."

Mühsam erhob sich der Herzog, bewegte seine schmerzenden Gelenke und lief mit steifen Beinen eine Runde im Zimmer umher.

„Meine Herren, ich gehe jetzt baden und ich denke nicht,

dass sie mich begleiten wollen. Auf Wiedersehen und viel Glück für morgen, Mr. Holmes."

Mich schien der Herzog nur als Randfigur wahrzunehmen. Wir verließen das Kabinett und Mr. Corless lud uns ein, mit ihm zusammen in der kleinen Bibliothek den Nachmittagstee einzunehmen, um das weitere Vorgehen und die notwendigen Sicherheitsmaßnahmen zu besprechen. Wir liefen eine lange Galerie entlang, in deren Nischen alte Rüstungen und Waffen aufgestellt waren, die für die Ausrüstung einer kleinen Heerschar ausgereicht hätten und deren vorzügliche Fertigung bei den Scharnieren und Gravuren ich bewunderte. Holmes folgte mir in Gedanken versunken und Mr. Corless war vorausgegangen, um für uns zusätzliches Geschirr zu ordern. Das Ende der Galerie wurde von einem riesigen Spiegel markiert, zu dessen Seiten Treppenflügel begannen, welche den Zutritt zur nächsten Etage gestatteten.

Hier geschah es. Holmes hatte genau an dieser Stelle einen seiner genialen Einfälle, wie er mir später gestand, und ich denke, die Besonderheit seines Intellekts bestand gerade darin, Gedankenverbindungen zwischen völlig banalen Dingen herzustellen, auf deren Bedeutung ein schwächerer Geist nie gekommen wäre.

„Was bin ich für ein Esel, Watson", hörte ich eine Stimme hinter mir, und als ich mich umdrehte, sah ich auf Holmes Zügen eine Mischung aus tiefster Konzentration und Verzückung, als habe er eine unglaubliche Vision erlebt.

„Was bin ich nur für ein Esel", wiederholte er. Ich widersprach ihm mit Argumenten aus unserer langjährigen Zusammenarbeit und bat ihn um Erklärung.

„Ich sehe, Sie haben sich beim Rasieren geschnitten, Watson."

„In der Tat, Holmes", stimmte ich zu und befühlte mein Kinn, wo ich eine kleine Schnittwunde an der rechten Seite mit einem Pflaster abgedeckt hatte.

„Womit haben Sie das Blut abgewischt?"

„Natürlich mit einem Handtuch, bevor ich das Alaun auftrug."

„Sehen Sie!"

„Aha", erwiderte ich, was nur meine tiefe Ahnungslosigkeit verbergen sollte.

„Halten Sie den rechten Zeigefinger auf das Pflaster und gehen Sie auf den Spiegel zu."

Ich tat, wie mir geheißen.

„Was sehen Sie, Watson?"

„Wie ich mich zum Narren mache, Holmes."

„Der Weg zur Erkenntnis kann steinig sein, Watson."

Ich schwieg und vermied eine gereizte Antwort, die mir auf der Zunge lag.

„Und jetzt, lieber Freund, tun wir so, als ob ich Ihr Spiegelbild sei, was zugegeben einige Fantasie erfordert."

Holmes trat mir gegenüber, hielt sich seinen langen Zeigefinger gegen eine imaginäre Wunde am Kinn und wartete auf meine Reaktion.

„Dass Spiegel links und rechts vertauschen, ist eine Banalität, die des Nachdenkens nicht wert ist," tat ich Holmes Aufführung ab.

„Und genau diese Banalität ist der alten Kinderfrau zum Verhängnis geworden. Erinnern Sie sich noch, dass sie „Spiegel, Spiegel" gerufen hatte, als sie nach ihrem Sturz noch einmal kurz zu Bewusstsein kam. Ich dachte dabei an das kleine Exemplar in ihrem Zimmer, aber nein, sie muss in einem der großen Spiegel des Schlosses etwas gesehen haben, das sie tief verunsichert und erschreckt hat, das Gesicht eines Mörders nämlich."

„Wessen Gesicht?"

„Warten Sie bis morgen. Bis der Nebel sich lichtet, müssen wir weiter gemeinsam auf dem Pfad der Erkenntnis schreiten. Für mich ist dieser Spiegel das letzte Mosaiksteinchen, das in meinem Bild der Vorgänge von Burlington Hall noch fehlte, so ähnlich, wie bei einem Puzzlespiel der Kinder manches Teil sich erst zum Schluss einfügen will. Aber auf eine begründete Hypothese folgt das Experiment und erst dann die Schlussfolgerung, die wahrscheinlich einen der Bewohner dieses Schlosses an den Galgen bringen wird. Gedulden Sie sich also ein Weilchen, Watson! Übrigens möchte ich Sie heute noch zu einem Nachtspaziergang einladen. Wollen wir uns um elf Uhr an der Gartenpforte von Falconry treffen? Wenn Sie vorher etwas Zeit und Muße haben, sollten Sie über die verfleckten Handtücher nachdenken, von denen Mrs. Trollope auf meine Nachfrage berichtet hatte."

Rätsel um Rätsel, dachte ich und beschloss, meinem angespannten Geist Ruhe zu gönnen.

„Diese klaren kalten Frühlingsnächte sind die beste Gelegenheit, den Nachthimmel im Frühling zu beobachten", sagte Holmes, als wir uns zum vereinbarten Zeitpunkt vor Falconry trafen. Ich hätte nach einem vorzüglichen Abendessen lieber am Kamin gesessen, meine schmerzenden Gelenke gewärmt und darüber nachgedacht, was der morgige Tag wohl an Unerwartetem bringen würde, bevor ich dann in mein vorgewärmtes Bett geschlüpft wäre. Holmes war jedoch von seinem Wunsch nach einem Ausflug um Mitternacht nicht abzubringen.

»Draußen war es nach Mondaufgang erstaunlich hell und so kalt, dass unsere Atemluft uns in feinen Dampfwölkchen umhüllte und die Feuchtigkeit der Luft unsere Kleidung klamm werden ließ. Anders als sonst wandten wir uns nicht nach rechts, um den Fahrweg zum Schloss zu erreichen, sondern gingen nach links, wo wir einem breiten Pfad folgten, der sich in vielen Kehren durch einen Wald schlängelte, um schließlich auf die Kuppe eines Hügels zu führen, der die bei weitem höchste Erhebung in der Umgebung von Burlington Hall war. Nachdem der heftige Wind des Tages sich gelegt hatte, war die Nacht erstaunlich ruhig und leise und die einzigen Geräusche waren der Schrei eines Käuzchens in der Ferne und Mäuse, die in den Blätterhaufen zu beiden Seiten des Weges raschelten.

Holmes holte weit mit seinem Gehstock aus und schritt kräftig voran, sodass ich an der letzten Steigung des Hügels Mühe hatte, ihm zu folgen.

„Sie müssen mir versprechen, Watson", sagte er mit ernster Stimme und blieb unerwartet stehen, „dass Sie am morgigen Tag keine Anstalten machen werden, mir zu helfen oder mich gar auszutauschen, sollte ich als eine Art Geisel in die Hände dieses Ungeheuers geraten, welches Burlington Hall tyrannisiert. Überlassen Sie mich meinem Schicksal, ich weiß, wie ich mich aus einer ungünstigen Lage befreien kann. Allenfalls dürfen Sie versuchen, irgendwelche Verhandlungen, welche Ihnen der Täter anbietet, solange wie möglich hinauszuzögern, um mir einen Zeitvorsprung zu verschaffen. Ich werde mich morgen im kleinen Speisesaal des Schlosses einschließen, nachdem ich mich mit einem Gewand Ihrer Hoheit verkleidet habe, und ich möchte Sie bitten, den Zugang zu dem darüber gelegenen Raum zu bewachen, bei dem es sich um das alte

Schul- und Spielzimmer der beiden Jungen des Herzogpaares handelt. Unter keinen Umständen verlassen Sie Ihren Platz, und hindern jeden unter Einsatz ihrer Waffe daran, diesen Raum zu betreten oder gar zu verlassen. Ich wiederhole: unter keinen Umständen, was immer auch diese Person Ihnen erzählen mag oder um wen auch immer es sich handelt. Lassen Sie keinen passieren und verlassen Sie Ihren Posten nicht!"

Ich versprach, mich an die Regelung zu halten, wenn ich auch von den Gründen nichts erahnte, und mein gesunder Menschenverstand sagte mir, dass selbst ein Genie wie Holmes nicht alles voraussehen konnte und dass besondere Vorkommnisse mich von meinem Versprechen entbinden könnten.

Nach kurzer Wegstrecke, die schwieriger zu gehen war, da der Mond hinter gelblich leuchtenden Wolken für eine Weile verschwunden war und die Äste der Bäume über uns das wenige Licht schluckten, erreichten wir die Hügelkuppe. Einer der Vorfahren des Herzogs von Coventry hatte Astronomie als ernsthaften Zeitvertreib genutzt und sich hier einen Turm als Sternwarte bauen lassen. Der Architekt errichtete ihm eine Mischung aus Schornstein, Minarett und Leuchtturm und der Auftraggeber hatte viele Nächte seines Lebens hier oben verbracht. Auf einem schmalen Zylinder aus Ziegeln, der die Baumkronen deutlich überragte und das Treppenhaus aufnahm, saß oben eine eiserne Gondel mit einem schmalen, von einem Eisengitter gesicherten Umlauf, in deren Mitte unter einer aufklappbaren Kuppel früher das Fernrohr verborgen war. Die Anlage wirkte verwaist und wenig gepflegt, weil der jetzige Herzog, wie Mr. Corless Holmes bei der Schlüsselübergabe versicherte, kein Interesse an der Sternguckerei besaß.

Die Scharniere der eisernen Tür im Erdgeschoss quietschten

entsetzlich, als Holmes die Tür öffnete, und einige dunkle Vögel flatterten von den benachbarten Bäumen krächzend auf und flogen im Zickzack auf die riesige Mondscheibe zu. Ein leichtes Unwohlsein stieg in mir auf und ich hatte den sorgenvollen Eindruck, in diesem Fall unbestimmten Mächten ausgeliefert zu sein und zweifelte zum ersten Mal an der Überlegenheit meines Freundes. Im Inneren des Turms stiegen wir, wegen der Enge hintereinander, die gemauerte Rundtreppe hinauf, bis wir auf einer Plattform im dritten Geschoss ankamen. Von dort führte eine rostige, wenig vertrauenserweckende Leiter durch eine hölzerne Klappe auf den Ausguck an der Spitze unseres Turms.

Oben angekommen, wölbte sich der Sternenhimmel in seiner majestätischen Größe und Kälte über uns, und wir schwiegen eine Weile, in die Betrachtung der Sternbilder versunken. Hier konnte ich mit einem Mal verstehen, warum sich manche Menschen ihr Leben lang dem Studium dieser kosmischen Einöde verschreiben.

„Wieweit dieser Stern wohl von uns entfernt sein mag, den wir so hell vor uns sehen?", fragte ich Holmes, um das mir unangenehme Schweigen zu unterbrechen, ohne eine Antwort zu erwarten.

„Woher wissen Sie, dass er vor uns ist?", gab er zurück und verzog seinen Mund zu einem knappen Lächeln.

„Aber das ist doch offensichtlich. Wer wollte daran zweifeln?", antwortete ich, weil ich keine Lust auf Holmes Spitzfindigkeiten hatte.

„Prüfen Sie jede Hypothese und jede Prämisse, die Sie verwenden, Watson, und kommen Sie erst dann zu einem Urteil. Was wäre, wenn es in den Unendlichkeiten des Kosmos seltsame spiegelnde Oberflächen gäbe oder wenn sich das Licht gar auf krummen Bahnen bewegen würde? Es ist ein häufiger Fehler, aus der Begrenztheit unserer Erfahrungen auf diesem kleinen Planeten und der Enge der Vorstellungskraft vieler Gehirne auf dieser Erde", Holmes drehte sich zu mir, „auf die Beschränktheit der Phänomene in kosmischen Dimensionen zu schließen."

„Aber wie sollte ich mich einem fernen Objekt im All nähern, wenn ich bei der Krümmung der Lichtbahn etwas vor mir sehe, was eventuell seinen Platz hinter mir hat?", hakte ich nach und beschloss insgeheim, Holmes Vermutungen für ausgemachten Unsinn zu halten.

„Indem Sie einfach rückwärtsgehen, mein Lieber", sagte Holmes beiläufig, denn er war auf dem Umlauf auf der Galerie an die andere Seite getreten und betrachtete konzentriert das Schloss. Unterdessen war wieder Wind aufgekommen, sodass ich meinen Mantel fest an mich zog. Der Mond war verschwunden und eine vieldeutige Dunkelheit hatte sich über Hügel und Täler gelegt, aus der nur Burlington Hall wie ein einsamer Monolith mit seinen Türmen und Dachflächen herausragte.

„Wie spät haben Sie es?", wollte Holmes wissen.

„Gleich halb zwölf."

„Gut. Beobachten Sie den Normannenturm des Schlosses. Wenn meine Überlegungen nicht fehlgehen, bekommen wir etwas zu sehen."

Nur mit Mühe konnte man den Turm erkennen, wenn sich die dichte Wolkendecke ein wenig lichtete, aber tatsächlich erkannte ich auf dem Zinnenkranz ein flackerndes Licht, das in regelmäßigem Rhythmus einige Male aufblitzte.

„Das ist der Gong zum letzten Akt, und die Akteure machen sich bereit", bemerkte Holmes mit ungewohntem Pathos in seiner Stimme. „lassen Sie uns jetzt die Allee beobachten, die nach Battenham führt und in der Sie nachts auf diese merkwürdige Kutsche gestoßen sind."

Ich wäre jetzt lieber heimgekehrt, um mich in Falconry an den Resten des abendlichen Kaminfeuers zu wärmen, aber ich wagte es nicht, diesen Vorschlag zu machen, denn Holmes beobachtete reglos wie eine Marmorstatue die Umgebung von Burlington Hall. Mir kam der Gedanke, dass diese Pose einmal hervorragend für ein Denkmal geeignet wäre, die ein dankbares Land einem seiner größten Geister aufstellen würde. Die Zeit verging nur langsam und ich wollte Holmes endlich zur Rückkehr drängen, als wir etwas Sonderbares bemerkten. Bevor wir sie sahen, hörten wir eine Kutsche auf der von Holmes angegebenen Allee, und als sie in die Zufahrt zum Schloss einbog, waren für einen Moment die Lampen seitlich am Kutschbock zu erkennen. Der Wagen hatte ein unglaubliches Tempo, ja er flog gleichsam über die Wege und wie Pistolenschüsse drang das ununterbrochene Knallen der Peitsche zu uns. Der Kutscher musste ein Meister seines Metiers oder ein Irrsinniger oder beides sein.

„Der Mörder wird herbeigeschafft", sagte Holmes ungerührt.

„Und warum gehen wir dann nicht zum Schloss, überzeugen den Herzog von Ihren Vermutungen, nehmen uns die Wachmannschaft und lassen alles durchsuchen?"

„Seien Sie bitte nicht naiv, Watson. Wie sollen wir das riesige Schloss mit seinen unzähligen Verstecken durchsuchen? Und wenn wir einen Verdächtigen fänden, was sollten wir ihm vorwerfen? Wir haben nichts in der Hand außer ein paar begründeten Vermutungen. Nein, Watson, wir müssen das Ungeheuer auf frischer Tat ertappen und ich werde der Lockvogel sein. Lassen Sie uns zurückkehren und uns gut ausschlafen. Ich werde morgen früh gegen sieben Uhr aufbrechen, da ich einige Zeit für die notwendige Kostümierung brauchen werde, und ich möchte Sie bitten, mir eine Stunde später zu folgen und Ihren Platz einzunehmen."

Holmes wusste, dass er sich auf meine Pünktlichkeit und militärische Zuverlässigkeit verlassen konnte. Wir verließen die Galerie auf der Spitze des Aussichtsturms und kletterten langsam und vorsichtig durch das vollständig dunkle Treppenhaus, wobei wir uns mit den Händen an der Wand entlangtasteten und mit den Füßen die einzelnen Stufen erkundeten. Draußen bat mich Holmes, noch einen Moment zu warten.

„Wir sollten unsere Revolver testen", sagte er, „ich hatte Sie ja gebeten, Ihr altes Exemplar aus Ihrer Armeezeit einzustecken."

Nahezu synchron zogen wir unsere Waffen aus dem Mantel, spannten mit einem leisen metallischen Knacken die Hähne, richteten die Waffen nach oben und feuerten jeder einen Schuss gegen den Himmel ab, der einige müde Tauben von ihrem Schlafbaum vertrieb und in den Tiefen des Kosmos' verhallte.

Die Falle

Wer einmal im Krieg war, kennt die Erfahrung, dass ihn gewisse Eigenschaften und Eigenarten, die er unter den Bedingungen des militärischen Dienstes mit seiner Mischung aus alltäglicher Langeweile und höchster Anspannung in Gefahrensituationen erworben hat, im weiteren Zivilleben nicht mehr loslassen werden. Mich hatte der Dienst in der Kaserne oder auf einer harmlosen Patrouille stets in einen Zustand gespannter Unruhe versetzt, während ich im Gefecht und in direkter Auseinandersetzung mit dem Feind von kaltblütiger, konzentrierter Ruhe war.

Als ich am nächsten Morgen aufstand und zum Frühstück ging, war Holmes schon aufgebrochen, denn sein Mantel hing nicht mehr an der Garderobe und unsere Wirtin bestätigte, dass mein Freund vor einer halben Stunde Falconry verlassen habe. Ich hatte noch Zeit bis acht Uhr, frühstückte mit Genuss und in aller Seelenruhe und begab mich ohne Eile auf meinen Posten. Holmes hatte aus Fürsorglichkeit, vielleicht aber auch aus einem gewissen Misstrauen meinen Fähigkeiten gegenüber, einen Zettel auf dem Frühstückstisch liegen lassen, der in schriftlicher Form unsere Abmachungen vom Vortag enthielt und mit einer kleinen Zeichnung versehen war, die den Standort angab, vom dem aus ich den Korridor vor der Zimmerflucht der jungen Herzöge am besten beobachten könnte. Es sei im Haus Befehl gegeben worden, dass am heutigen Tag die infrage kommenden Räume vom Personal nicht zu betreten waren, was keine große Einschränkung darstellte, da dieser Teil des Schlosses seit dem Auszug der Söhne des Herzogspaares weitgehend verwaist war. Holmes hatte die Türschlösser austauschen lassen, sodass die Türen zwar nach innen aufgingen, aber keiner mehr ohne Gewaltanwendung herauskommen konnte, wenn die Tür wieder geschlossen war.

Pünktlich nahm ich um acht Uhr meine Position ein, nachdem ich zuvor nach alter Gewohnheit die Funktionsfähigkeit meines Revolvers überprüft hatte. Mehr noch traute ich meinem alten Eichenknüppel, der mir so manches Mal gute Dienste erwiesen hatte.

Die oberste Etage von Burlington Hall war spartanisch eingerichtet und hatte etwas von einer Kaserne. Ich bemerkte lange, gerade Gänge mit Fensternischen, welche eine billige schadhafte Holzvertäfelung besaßen, und abgetretene Parkettböden, auf denen die Schritte eines Menschen weit hörbar klapperten. Der mittlere Raum, den zu bewachen mich Holmes besonders gebeten hatte, musste riesige Ausmaße besitzen, denn die jungen Herzöge sollten hier im Winter Tennis gespielt haben.

Ich versteckte mich in einer Fensternische, deren Scheiben blind geworden waren und die von Fliegen- und Spinnenresten verschmutzt war, und schaute gelegentlich um die Ecke, ob sich etwas rührte. Doch es geschah nichts und ich hörte auch aus dem Turnsaal keinerlei Geräusch. Die Minuten vergingen quälend und ich musste mich zwingen, nicht ständig auf meine Uhr zu schauen. Schließlich verließ ich mein Versteck, ging langsam den Korridor entlang und lauschte an den drei Türen, hinter denen nach Holmes' Ansicht das Ungeheuer von Burlington Hall lauern und sein letztes Verbrechen planen sollte. Ich hörte ... nichts. Gelangweilt nahm ich meinen Platz in der Nische wieder ein, wischte ein Fensterglas sauber und blickte nach draußen. Das Leben auf Burlington Hall schien seinen gewohnten Gang zu nehmen, im Innenhof waren Gärtner auf der Rasenfläche beschäftigt und mehrere Dienstboten schleppten schwere Wäschekörbe von einem Flügel des Hauses in den anderen. Eine Kutsche mit königlichem Wappen fuhr vor, hielt vor einem Seitenportal und ein Mann stieg aus, den ich vor Tagen schon einmal im Gespräch mit Mr. Corless gesehen hatte. Der Zeiger meiner Uhr hatte fast die Neun erreicht und ich beschloss, zur vollen Stunde meine Position aufzugeben und Holmes aufzusuchen, mit dessen Plan etwas schief zu gehen schien. Ich wollte gerade die oberste Etage durch das südliche Treppenhaus verlassen, als ich etwas hörte, was mich elektrisierte und zutiefst erschreckte. Es waren Schreie eines Menschen in höchster Not und Todesangst und es war eindeutig Holmes Stimme, die nach mir rief. Sein „Watson, Watson, Hilfe, Hilfe!" jagt mir noch heute Schauer über den Rücken. In Sekunden durchdachte ich die möglichen Ursachen für den Vorfall. Entweder hatte ein geschickter Schauspieler eine Finte versucht, um mich von meiner Position wegzulocken, oder aber Holmes war tatsächlich in Todesangst, was ich bei seiner sorgsamen Planung und körperlichen Stärke kaum glauben mochte. Ich zögerte, wie ich mich verhalten sollte, doch Holmes Rufen wandelte sich in ein klägliches lang gezogenes Wimmern, überlagert von dumpfen und brummenden Lauten eines Wesens, welches kaum der menschlichen Rasse zuzuordnen war. Das Geschrei hatte Dienstboten herbeigerufen, die mir die Entscheidung abnahmen und anfingen, sich gegen die verschlossene Tür des kleinen Speisezimmers zu werfen, aus dem die schrecklichen Geräusche kamen. Obwohl aus massivem Holz, hielt die Tür den beiden kräftigen Männern nicht lange stand. Ich warnte sie davor, nach dem letzten Stoß den Raum zu betreten und zog meinen Revolver aus der Tasche. Krachend und in einer Staubwolke fiel die Tür nach innen und ein Bild des Grauens bot sich uns. Ein riesiger grauhaariger Affe, ein Monster von einem Schimpansen, musste Holmes wie eine Gliederpuppe zu Boden geworfen haben und hatte sich auf ihn gesetzt. Das Untier bleckte die gelben Zähne seines schadhaften Gebisses und versuchte von Holmes linker Hand, die eine zermatschte grünliche Frucht festhielt, die Fingerkuppen abzubeißen, während Holmes unter Einsatz übermenschlicher Kräfte den Kiefer seines Peinigers nach hinten bog, wobei sein rechter Arm wie eine Schilfstange im Wind zitterte.

Ich zögerte nicht lange und richtete meinen Revolver auf das Untier. Um nicht aus Versehen meinen Freund zu treffen und so noch mehr Unheil anzurichten, zielte ich nicht auf den Kopf, sondern den massigen, behaarten Rumpf des Affen und gab zwei Schüsse auf den Rücken ab, die im Raum mehrfach widerhallten und nun jedem im Schloss klarmachten, dass sich etwas Ungewöhnliches ereignete. Für einen Moment sah es so aus, als ob das Untier von den Kugeln unbeeindruckt war, dann aber fiel es nach vorne und bedeckte Holmes mit seinem haarigen Körper, durch den ein konvulsivisches Zucken ging, das mit einigen Stößen aus dem Becken heraus erstarb. Dann herrschte Ruhe und alle Betrachter dieses abstrusen Schauspiels brauchten eine Weile, sich zu fassen. Schließlich rollten wir den Kadaver des Affen zur Seite und befreiten Holmes aus seiner misslichen Lage. Bis auf Schürfwunden und Kratzer schien er unversehrt, aber er lag noch eine Weile tief in sich versunken mit geschlossenen Augen auf dem Rücken. Seine

Kleidung aus dem Fundus der Herzogin war in Fetzen zerrissen und eine zu einem wirren Knäuel zusammengedrückte Perücke lag neben ihm.

„Knapp", sagte er schließlich und betrachtete seine linke Hand, die von dem Prankengriff des Ungeheuers stark angeschwollen war. „Das schätze ich so an Ihnen, Watson, nämlich Ihre Unerschrockenheit und Ihren Pragmatismus, sich in schwierigen Situationen über meine Anordnungen hinwegzusetzen."

Er drückte mir fest die Hand, als ich ihm beim Aufstehen half.

„Mr. Higgins, ich glaube, Sie sind uns eine Erklärung schuldig."

Von dem Lärm und der Unruhe in seiner nächsten Umgebung beunruhigt, war der Herzog herbeigeeilt und stand im Morgenmantel und halb rasiert in der Fassung der herausgebrochenen Tür, neben ihm sein Sekretär.

„Gerne", antwortete Holmes, „aber gestatten Sie bitte, Hoheit, dass ich mich zunächst umkleide und wieder in angemessene Form bringe. Sagen wir in einer Stunde in der kleinen Bibliothek. Zuvor aber müssen wir in den Räumen über uns, die Mr. Wilkins so sorgsam bewacht hat, nachsehen, wer dort in der Falle festsitzt."

Der Herzog brummelte etwas Unverständliches und sein Sekretär redete beruhigend auf ihn ein.

Ich war erstaunt, wie schnell Holmes seine Fassung und Beherrschung nach diesem unglaublichen Angriff wiedererlangt hatte. Er befahl, Wachen außen am Schlossflügel aufzustellen, damit keiner an der von Efeu berankten Fassade herunterklettern könne. Zwei Diener mit kräftigen Holzprügeln folgten uns über die Treppe nach oben, wo ich fast eine Stunde lang den Korridor bewacht hatte. Die Türen zu dem Sportsaal der jungen Herzöge waren unversehrt und von innen waren keine Geräusche zu vernehmen. Holmes, der trotz seines lächerlichen Aufzugs einen imponierenden Eindruck bot, baute sich vor der mittleren Tür auf und wartete, bis der Herzog und Mr. Corless zusammen mit einigen Personen der Dienerschaft angekommen waren.

„Königliche Hoheit, meine Herren", setzte Holmes an und machte eine theatralische Pause, um die Wirkung seiner Vorführung zu erhöhen, „ich präsentiere Ihnen das Ungeheuer von Burlington Hall."

Er drehte am Knauf und stieß die Tür weit auf. Alle blickten gespannt in den Saal, die Diener hoben die Holzknüppel und ich spannte wieder meinen Revolver.

Selten in den Jahren meiner langen Bekanntschaft mit Holmes habe ich erlebt, wie sich seine Miene von kaum verhohlener, fast kindlicher Vorfreude zu tiefstem Erstaunen in nur wenigen Bruchteilen einer Sekunde änderte.

Der Saal war leer und wie zum Hohn hing in seiner Mitte ein kräftiges Tau, das aus einem Loch in der Decke zu Boden gelassen worden war und hin und her pendelte, als ob gerade jemand an ihm hochgeklettert sei. Holmes eilte in die Mitte des Raums und blickte nach oben, wo in die gewölbte Decke mit ihrer laienhaften Malerei ein Loch eingelassen war, durch das man früher wohl einen Kronleuchter nach oben gezogen hatte, um ihn mit Kerzen zu bestücken, und durch das ein nicht zu korpulenter Mensch ohne Schwierigkeiten auf den Dachboden und dann ins Freie gelangen konnte.

„Ich glaube, Mr. Holmes, dass ich auf Ihren Tarnnamen

jetzt verzichten kann und dass Sie uns eine weitere Erklärung schuldig sind", sagte der Herzog und blickte sich ratsuchend in dem leeren Saal um.

„Unbedingt, Königliche Hoheit", entgegnete Holmes ohne eine Spur von kleinlauter Demut in der Stimme und straffte seine Haltung wieder, „aber wir müssen unser Treffen auf drei Uhr verschieben. Kommen Sie Watson! Mr. Corless, wir brauchen Ihre Hilfe! Sie müssen uns zu den Pferdeställen begleiten, wenn wir unsere Chance nutzen wollen, das menschliche Ungeheuer zu stellen."

Der Sekretär blickte Hilfe suchend seinen Herrn an, der achselzuckend und in sein Schicksal ergeben sein Einverständnis gab.

Ohne Rücksicht auf die sicher schmerzhaften Verletzungsfolgen durch den Angriff des Affen eilte Holmes voraus, wobei ihn die Fetzen seines Kleides umwehten und so den Anblick von Körperteilen gestatteten, die zu verbergen an sich das Gebot der Schicklichkeit war.

„Beeilung, Watson", raunzte er mich an, als ich stehen blieb, um nach Luft zu schnappen, „oder haben Sie etwas mit den Füßen."

Kurzatmig, wie ich war, verzichtete ich auf eine passende Antwort und bemühte mich, Holmes zu den herzoglichen Ställen zu folgen, wobei Mr. Corless tapfer mit mir Schritt hielt. Als wir die Rasenfläche vor dem Schloss überquert hatten und uns auf der breiten westlichen Zufahrtsallee befanden, die glücklicherweise etwas abschüssig war und nicht auch noch bergauf führte, hörten wir einen Schuss und bald darauf einen ohrenbetäubenden Lärm, ein Geschrei aus Schmerz und Wut.

Wir konnten gerade erkennen, dass eine schwarz gekleidete Person aus dem herzoglichen Stall ein etwas unwilliges, gesatteltes Pferd am Zaumzeug herauszog, aufsprang, nach hinten durch die Stallpforte zwei Schüsse abgab und dann davonstob, um in einer Staubwolke zu verschwinden. Der Vorgang hatte nur den Bruchteil einer Minute gedauert und ich war gewillt, angesichts der mörderischen Entschlossenheit des Flüchtlings unsere Verfolgung einzustellen und auf die Fahndung durch die Polizei zu setzen, aber Holmes war zu allem entschlossen.

Wir erreichten ohne weitere Verzögerung den Stall, wo mittlerweile, durch den Lärm aufgeschreckt, weitere Pferdeknechte zusammenliefen. Holmes befahl in äußerst barschem Ton, ihm und mir die beiden besten noch vorhandenen Pferde des Herzogs zu übergeben, und er wäre bei seiner äußersten Entschlossenheit bereit gewesen, seinem Befehl mit seiner Pistole Nachdruck zu verschaffen. Jetzt erst sah ich, dass in der Ecke einer Pferdebox ein ohnmächtiger Mann lag, der aus einer Wunde am rechten Oberarm blutete, die ihm der flüchtige Verbrecher mit einem Schuss zugefügt hatte. Als Arzt empfand ich es als meine Pflicht, mich um das Opfer zu kümmern, aber Holmes hielt mich mit schroffen Worten von meiner Pflicht ab.

„Nichts da, Watson, ich brauche Sie. Folgen Sie mir. Mr. Corless, binden Sie den Arm des Pferdeknechts oberhalb der Wunde ab und rufen sie Professor Mason, der heute im Haus ist."

Ich hatte den Eindruck, dass Mr. Corless den Tag verfluchte, an dem er uns ins Haus geholt hatte, aber trotz seiner Gesichtsfarbe, die auf eine drohende Ohnmacht schließen ließ, machte er Anstalten, den Verwundeten zu versorgen. Glücklicherweise waren mehrere Pferde für einen Ausritt des Herzogs mit Gefolge vorsorglich gesattelt worden, und wir erhielten zwei prachtvolle Hengste, die aus Vorfreude auf Bewegung unruhig auf der Stelle tänzelten. Holmes prüfte mit wenigen geübten Handgriffen die Befestigung von Sattel und Zaumzeug, saß im Nu auf und ritt los, ohne auf mich zu warten. Ich folgte ihm, so schnell ich konnte.

Wir ritten in die Richtung, in welcher der Mörder verschwunden war, und konnten zum Glück bald seine Spur aufnehmen, denn der Sandboden war von einem kurzen nächtlichen Regen geglättet und nur die Hufabdrücke des flüchtenden Pferdes waren zu sehen. Nach gängiger Meinung war ich damals gewiss ein guter Reiter, doch an Holmes war nicht heranzukommen. Er schien geradezu mit seinem Hengst zu verschmelzen, der ihm ohne Worte oder Gesten gehorchte, und galoppierte tief nach vorne gebeugt eine viertel Meile voraus, sodass ich mich darauf beschränkte, den Abstand nicht sehr viel größer werden zu lassen.

Bald schon hatten wir das prächtige eiserne Tor erreicht, durch das wir vor einigen Tagen zum ersten Mal gefahren waren, als wir in Burlington Hall ankamen. Holmes wandte sich, ohne dass ich einen Grund dafür angeben kann und vielleicht nur aus seiner Intuition heraus, nach rechts, wo die Fahrstraße nach Battenham mit seinem kleinen Bahnhof führte. Nach einer Meile kreuzte in einem undurchdringlichen Walddickicht die Bahnlinie die Straße und ich sah zu meinem Erstaunen, dass Holmes den festen Weg verließ und neben den Schienen galoppierte. Als ich die Kreuzungsstelle erreichte, bemerkte ich in der Ferne einen unförmigen dunklen Fleck, bei dem es sich um den Flüchtigen handeln musste und dem es nicht gelungen war, seinen Abstand zu seinen Verfolgern zu vergrößern. Holmes hatte also wieder einmal recht gehabt. Wir ritten wohl eine Meile an den Gleisen entlang, ohne dass sich etwas Wesentliches änderte, und ich erkannte bald, dass unser flüchtiger Mörder einen entscheidenden Fehler gemacht hatte, als er sich entschloss, die Fahrtstraße zu verlassen. Es gab keine Möglichkeit, nach links oder rechts auszuweichen, denn neben der Bahnlinie lag undurchdringliches sumpfiges Brachland, sodass man einen ausreichend breiten Dammweg als Untergrund für die Trasse aufgeschüttet hatte, den wir jetzt nutzten. Wer ihn verließ, musste fürchten, auf Nimmerwiedersehen im Morast zu verschwinden oder für seine Verfolger eine leichte Beute zu werden. Wir umgingen das Dorf im Norden und ich schaffte es, weil mein Pferd weniger erschöpft schien, den Abstand zu Holmes auf Rufnähe zu verringern, der sich in seiner Verbissenheit um nichts kümmerte, nicht um die tief hängenden Äste, die ihm ins Gesicht schlugen, und nicht um die Quergräben, die er im Sprung meisterte, während ich vorsichtig hindurch ritt. Bald sahen wir die flachen Hügel, welche vor Battenham lagen und zwischen denen sich ein Fluss sein Bett gesucht hatte. Unserem flüchtenden Mörder blieb nichts anderes übrig, als auf die Eisenbahnbrücke zu reiten, die den Fluss überspannte, und dann sein Heil in dem Tunnel zu suchen, der unmittelbar am anderen Ufer den Berg durchquerte. Mir schien, dass die schwarze Tunnelöffnung wie das Maul eines Monster sein Opfer verschluckte. Holmes ritt nicht weiter, sondern wartete auf mich, bis ich neben ihm mein Pferd anhielt.

Eine seltsame Stille lag über der Landschaft, kein Mensch war weit und breit zu sehen und wir hörten nur das sanfte Plätschern des Wassers unter uns. Holmes zog seinen Revolver und spannte ihn, und seine zu allem entschlossene Miene zeigte mir an, dass er bereit war, den Mörder mit Waffengewalt an weiterer Flucht zu hindern, falls er im Tunnel umdrehen und zurückkehren sollte.

Die Entscheidung wurde ihm abgenommen, denn wir hörten in der Ferne das lang gezogene Pfeifen eines Zuges, der in die andere Tunnelöffnung einfuhr, und ich kann nicht umhin, das, was nun geschah, als das Urteil einer höheren Macht aufzufassen. Der Mörder von Burlington Hall musste seinen fatalen Fehler erkannt haben und im Tunnel umgedreht sein, doch die Lok war schneller. Ein entsetzlicher menschlicher Aufschrei und das kreischende Wiehern eines Pferdes, von den Tunnelwänden verstärkt, ließen uns erschaudern, und dann hörten wir nach einem dumpfen Anprall das entsetzliche Geräusch zermalmender Knochen, vermischt mit den Bremsgeräuschen des Zugs, der kurz vor dem Tunneleingang zum Stehen kam und eine unförmige Masse der zermahlten Leiber vor sich her schob.

„Kommen Sie Watson", sagte Holmes nach einer Weile, als er sah, dass der Lokführer und der Heizer den Führerstand verließen, „hier können wir nichts mehr tun. Jetzt sind andere zuständig."

Wir stiegen von unseren Pferden, die schweißnass in der windigen Kälte auf der Brücke zitterten, und machten uns zu Fuß auf den Heimweg. Holmes ging mit gesenktem Kopf voran und ich hütete mich, auch nur eine Frage zu stellen.

Des Rätsels Lösung

„Actinidia chinensis oder der Strahlengriffel", sagte Holmes und zeigte eine grüne Frucht mit stacheliger Haut in die Runde, die er der Jacke seines Anzugs entnommen hatte.

Ich hatte Holmes nach unserer Rückkehr in Falconry verarztet, die Wunden gesäubert, Pflaster aufgelegt und die angeschwollene Hand verbunden und gekühlt. Dankbar und ohne Widerworte ließ der große Mann es sich gefallen, dass ich ihn beim Auskleiden aus seinem läppischem Aufzug half und er schlief sogleich ein, als er sich in sein Bett legte. Mit einer kleinen handgeschriebenen Botschaft hatte ich den Herzog gebeten, wegen besonderer Umstände das vereinbarte Treffen auf den frühen Abend zu verlegen, um meinem Freund Gelegenheit zur Erholung von den Strapazen der Verfolgungsjagd zu verschaffen.

Um sechs Uhr standen wir pünktlich vor der kleinen Bibliothek und wurden von einem Diener sogleich gemeldet. Vier Personen fanden wir vor, den Herzog, der hinter seiner Frau stand, Mr. Corless und die Hausdame, Mrs. Trollope, beide nebeneinander in achtungsvollem Abstand zu den Hoheiten und in tadelloser Haltung. Wir waren der Herzogin bisher nicht begegnet, aber ich hatte mir aus Berichten ein Bild gemacht, das ich weitgehend bestätigt fand. Sie wirkte streng und abweisend, trug ihr ergrautes Haar eng am Schädel anliegend und nach hinten gekämmt und musterte Holmes und mich mit abfälligem Dünkel in den Augen. Weibliche Geschöpfe dieser Art habe ich immer gerne die Pferdefrauen genannt, weil ich den Eindruck habe, dass Physiognomie und Mimik ihrer Reitpferde, auf deren Rücken sie ganze Tage zubringen können, auf sie abfärben. An eine herzliche Begrüßung durch die königliche Familie war angesichts der eisigen Stimmung nicht zu denken, und Holmes und ich blieben stehen, als wir von Mr. Corless ein entsprechendes Handzeichen erhalten hatten.

„Ich habe Professor Dawkins um Bestimmung der seltsamen Frucht gebeten", setzte Holmes seinen botanischen Vortrag fort, „und er ist meinem Wunsche zügig und mit Erfolg nachgekommen. Ein Lianengewächs mit wohlschmeckenden, säuerlichen Früchten, welches im Süden Chinas wächst und zunehmend auch in anderen Ländern kultiviert wird."

Holmes zeigte die unscheinbare Frucht auf seiner Handinnenfläche noch einmal umher.

„Aber was hat das Ganze mit den Vorgängen in unserem Haus zu tun?", unterbrach die Herzogin unwirsch Holmes' Ausführungen, „und warum hat man meinen Bruder nicht zu dieser Versammlung gerufen, Trollope?"

Die Hausdame zuckte unter dem scharfen Ton zusammen, konnte aber keine Auskunft geben.

„Das ist einfach zu erklären, Königliche Hoheit", Holmes ließ sich nicht aus der Ruhe bringen, „weil Ihr Bruder, oder besser Halbbruder, seit einigen Wochen auf dem Grunde eines Weltmeeres ruht und weil die Person, welcher Sie Ihr Vertrauen geschenkt haben, mit Ihnen genauso wenig verwandt ist wie jeder andere in diesem Raum."

„Sind Sie wahnsinnig?", fuhr die Herzogin Holmes an und in ihrer Miene und Haltung deutete sich einer der berüchtigten nervösen Anfälle an, sodass ich in Gedanken durchging, was in diesem Falle zu tun sei. Doch die Hand, die ihr Mann vorsichtig auf ihre linke Schulter legte, schien Wunder der Beruhigung zu wirken.

„Erklären Sie bitte, Holmes, wie sie zu dieser ungeheuerlichen Vermutung kommen, dass jemand unser Vertrauen so schändlich missbraucht hat."

Die Stimme des Herzogs hatte eine kalte, schneidende Schärfe und ich hoffte für Holmes, dass sein Vortrag alle offenen Fragen ausreichend und sicher beantworten würde.

„Gerne, Königliche Hoheit", Holmes deutete eine Verbeugung an, „aber ich muss weit ausholen und manche Fehlstellen in meiner Erzählung mit meiner Fantasie überbrücken, wofür ich schon jetzt um Entschuldigung bitte. Aber insgesamt ist meine Aufklärung des Rätsels der eiskalten Hand von bestechender Logik. Dürfen wir uns setzen?"

Der Herzog nickte und Mr. Corless brachte dienststeifrig zwei Stühle herbei.

„Nun", begann Holmes, „vor einigen Wochen reiste ein junger, sehr gut situierter Mann aus Neuseeland ab, um in England Testamentsangelegenheiten zu klären, die ihn und seine Schwester betrafen und ein ungeheures Vermögen zum Inhalt hatten. Nur leider kam er nie in England an. Er muss unterwegs auf die Person getroffen sein, der Sie in Ihrem Hause so großzügig Gastfreundschaft gewährten und die wir aus Gründen der Vereinfachung Tom nennen wollen, da uns der genaue Name bisher nicht bekannt geworden ist und vermutlich auch nicht mehr aufzuklären sein wird. Überhaupt liegt ein großes Dunkel über dem Anfang der Geschichte und wir wissen nicht, ob Ihr Bruder und Tom sich schon vor der Schiffsreise kannten oder ob, was ich glaube, Tom Ihren Bruder an Bord kennenlernte und ihm seine Dienste als Butler angeboten hat.

Ein gut aussehender junger Mann aus einfachen Verhältnissen mit dennoch tadellosen Manieren wird gerne eingestellt und unser Tom wird von dem Wunsch beseelt gewesen sein, aus den Verschlägen der dritten Klasse so schnell wie möglich in die Kabinen der High Society aufzusteigen. So ein riesiges Schiff, Königliche Hoheiten werden mir zustimmen, ist ja in nuce ein Abbild unserer Gesellschaft auf engem Raum."

Holmes blickte in die Runde, aber auf den Gesichtern der königlichen Zuhörer lag nur staunendes Unverständnis.

„Meine Lebenserfahrung und Menschenkenntnis", fuhr er fort, „sagen mir, dass es Engel der Nächstenliebe, Koryphäen der Wissenschaft, aber auch Genies des Verbrechens gibt. Und Tom war eins. Irgendwann auf der langen Überfahrt muss er den Entschluss gefasst haben, Ihren Halbbruder zu beseitigen, sich dessen Vermögen anzueignen und die beiden einzigen Personen, die ihm gefährlich werden könnten, aus dem Weg zu räumen, nämlich Sie, Königliche Hoheit, und Ihre alte Kinderfrau. Sie beide waren die einzigen Personen weit und breit, die eventuell noch Erinnerungen an James Aberton haben könnten. Wie es bei langen Reisen üblich ist, wird Ihr Bruder viel aus seinem Leben erzählt haben und er fand in Tom einen dankbaren Zuhörer. Vielleicht war dieser Tom früher als Schauspieler aufgetreten, denn er beobachtete Ihren Bruder genau, übernahm einige der Eigenarten in Mimik, Haltung und Stimme und war bald ein perfektes Double. Da ein Verschwinden Ihres Bruders aufmerksamen Mitreisenden sicher aufgefallen wäre, wartete Tom sicher bis zur letzten Nacht vor der Ankunft des Schiffes, um in der Hektik und Unruhe beim Einlaufen des Schiffes in seine Rolle zu schlüpfen. Ich fürchte, Königliche Hoheit, dass Ihr Halbbruder in dieser

Nacht seine tödliche Bekanntschaft mit den eisigen Fluten des Atlantiks machen musste. Haben Sie sich bei der Ankunft ihres Besuchers in Burlington Hall nicht gewundert, dass er ohne Diener reist?"

„Natürlich", antwortete der Herzog, „und auf unsere Nachfrage sagte er, dass er fremde Hilfe nicht gewohnt sei, weil er durchaus in der Lage sei, sein morgendliches Waschwasser selber in eine Schale einzugießen. Wir haben ihm wegen dieses Verhaltens einen gewissen burschikosen Charme seiner Heimat und Herkunft zugebilligt."

„Interessant", meinte Holmes. „Können Sie sich erinnern, was unser Eindringling bei seiner Ankunft um den Hals trug, Königliche Hoheit?"

„Nein, nicht mehr. Wissen Sie es noch, Corless?"

„Wenn ich mich recht entsinne, einen kräftigen Schal, was bei dem Wetter an diesem Tag nicht ungewöhnlich war. Und später dann zu Anfang ein geknotetes Halstuch, Hoheit."

„Nun, er musste anfangs verbergen, was bei ihm nämlich nicht vorhanden war, das große Muttermal, das James Aberton von seinem Vater geerbt hatte und das sich an der linken Halsseite befand, und dann machte unser Tom seinen ersten Fehler. Ich glaube, dass jedem, der versucht, in die Rolle eines anderen Menschen zu schlüpfen, zwei Gefahren drohen, selbst wenn er ein Genie der Verstellung ist. Erstens eine pedantische Genauigkeit bei der Anpassung an das äußere Erscheinungsbild und zweitens Nachlässigkeit in kleinen winzigen Details. Tom wird auf die Idee gekommen sein, dieses Muttermal am Hals nachzubilden und dazu eine Farbe zu verwenden, die tief in die Haut eindringt und sich nicht abwischen lässt, sondern mit der nachwachsenden Haut sehr langsam wieder abblasst. Lassen

Sie uns ein kleines Experiment machen, Königliche Hoheiten. Watson erheben Sie sich bitte und stellen Sie sich vor mich. Sie sind jetzt der junge, echte Lord Aberton."

Ich folgte der Aufforderung und harrte mit dem gleichen Unverständnis wie die übrigen Anwesenden der Dinge, die nun kommen sollten. Holmes löschte mit angefeuchteten Fingern eine Kerze, vermischte etwas Wachs mit Ruß vom Docht und schmierte mir einen dicken Klecks von dem Zeug auf die linke Halsseite.

„Stellen Sie sich nun vor, dass ich Tom bin und mir vor einem Spiegel das Muttermal tätowieren möchte. Ich habe es an der linken Seite des Lords gesehen, den ich vor einigen Tagen ins Wasser befördert habe, vor meinem geistigen Auge steht er jetzt als Spiegelbild vor mir, wofür Sie bitte Mr. Watson als Ersatz nehmen, und was geschieht? Ich male es mir vor dem Spiegel an die rechte Halsseite, denn wie Sie wissen, vertauscht der Spiegel rechts und links."

Holmes machte seine Ankündigung wahr.

„Tom wird nach wenigen Sekunden seinen Fehler bemerkt und versucht haben, den Fleck mit einem Handtuch wegzureiben oder andere chemische Substanzen anzuwenden, um ihn aufzuhellen. Allein es half nichts, der Fleck blieb rechts am Hals sichtbar. Deshalb die verschmutzten Handtücher, über die eines der Hausmädchen sich beschwert hatte und die er, um kein Aufsehen zu erregen, einem anderen Gast untergeschoben hatte. Was sollte er tun? Er sah sein ganzes Projekt schon scheitern. Doch intelligent, wie er war, überlegte er sich, dass er nur einige Modifikationen vornehmen musste. Ihr Jugendbild, Königliche Hoheit, das Sie zusammen mit Ihrem Halbbruder zeigt, musste verschwinden und ich denke, es wurde verbrannt. Und er musste sein Vorgehen beschleunigen, denn er fürchtete, dass der Schwindel auffliegen könnte. Und tatsächlich drohte bald die erste Gefahr, weil Ihrer alten Kinderfrau etwas aufgefallen sein muss, als sie vermutlich einmal auf der großen Treppe mit dem Spiegel hinter ihm ging. Deshalb hat sie „Spiegel, Spiegel" gesagt, als sie noch einmal aus tiefer Bewusstlosigkeit erwachte, denn was sie gesehen hatte, muss sie tief erschüttert haben. Tom wird ihr aufgelauert und sie mit einer Stolperfalle auf einer Treppenstufe, eventuell mit etwas persönlicher Mithilfe, aus dem Weg geschafft haben. Der erste perfide Mord."

Die Herzogin schluchzte auf und Holmes ließ eine Pause verstreichen, bevor er weiter erzählte.

„Dann wandte sich unser Mörder Ihnen zu, Königliche Hoheit", fuhr Holmes fort, „und sein Plan wird es gewesen sein, Sie durch drei oder vier Ereignisse zu erschrecken und in einen Zustand höchster nervöser Anspannung zu versetzen, der einen Sturz aus einem Fenster glaubhaft als Folge einer tiefen geistigen Verwirrung hätte erscheinen lassen. Professor Mason hätte sicher die richtigen Worte und Erklärungen gefunden. Zuerst die abgetrennte Hand, dann vielleicht unheimliche Zeichen an der Wand, ein nächtlicher Besucher in ihrem Schlafzimmer und zum Schluss die Attacke durch diesen Riesenaffen, dem ich beinahe zum Opfer gefallen wäre, wenn Mr. Watson nicht so tatkräftig eingeschritten wäre."

„Aber woher kam dieses Untier, Mr. Holmes?" Der Herzogin waren Unglaube und Schrecken an der Miene anzusehen.

„Aus einem Zirkus. Tom brauchte einen Helfer und er wird sich das Mitglied eines Wanderzirkus ausgesucht haben, der an Bord des Schiffes seine Rückreise einer Tournee, sagen wir mal, vom Kontinent angetreten hat. Er brauchte einen Kutscher, der in halsbrecherischer Fahrt unverzüglich Botengänge und Fahrdienste für ihn erledigen konnte. Irgendwann hat er dann die Kunststückchen des Affen gesehen, wenn es an Bord für wenig Geld zur Belustigung der unteren Klassen eine Aufführung gab, und er ist dann auf die Idee verfallen, dem Affen auf irgendein Signal hin eine wütende, zerstörerische Angriffslust anzutrainieren und ihn als, ja, als Mörder einzusetzen, der zudem gut klettern konnte und für den eine mit Rankgittern versehene Mauerwand kein Hindernis darstellte. Was muss diese arme harmlose Kreatur gelitten haben, wenn man ihr unter grausamen Schmerzen beibrachte, den anzugreifen und zu töten, der aus Neugier eine dieser merkwürdigen chinesischen Früchte in die Hand nehmen wollte. Der erste Stallknecht Eurer Hoheit ist diesem Monster zum Opfer gefallen, weil er für seine Bereitschaft, dem wirren Kutscher Pferde zur Verfügung zu stellen, und für sein Schweigen zu viel Lohn verlangt hat. Dazu passt auch, dass es sich bei der Mordwaffe um ein typisches Wurfmesser aus dem Zirkus handelte. Als ich heute Morgen die Bekanntschaft mit dem Schimpansen machte, der übrigens durch die Tapetentür von oben hereinstolziert kam, passierte erst gar nichts. Das Vieh lauste sich ganz gemütlich in einer Ecke, bis ich nach einer Frucht griff, die jemand, wahrscheinlich Tom, heimlich am Vorabend in größerer Zahl in eine der Etageren gelegt hatte. Es war ein animalischer Angriff von ungeheurer Wucht, dem ich nichts entgegenzusetzen hatte und der mich beinahe mehrere Finger meiner linken Hand gekostet hätte."

Mit liebevollem Blick besah Holmes seine linke Hand und ließ nachdenklich die Finger wie bei einem Violinspiel über imaginäre Seiten springen. „Nun wurde für unseren Tom allmählich die Zeit knapp. Der Zirkus, den ich bei meinem Besuch als Handelsvertreter in Battenham ausgemacht hatte, würde bald weiterziehen, sodass er sich auf die Dienste des wilden Kutschers nicht mehr verlassen konnte. Zudem war seine Schiffspassage zurück nach Neuseeland gebucht und er musste bemerkt haben, dass Watson und ich unsere Nasen in Dinge steckten, die uns nichts angingen. Er musste handeln und die Art und Weise, wie er Sie, Königliche Hoheit, aus der Welt schaffen wollte, modifizieren. Dazu hat er sich eines genialen Instrumentes bedient, das ich Ihnen demonstrieren möchte. Mr. Corless, wollen Sie so freundlich sein, den kleinen Tisch hereinzufahren."

Der Sekretär folgte der Bitte, schob einen länglichen Tisch auf vier Rädern aus einem Nebenraum herein und stellte ihn vor Holmes ab. Wie ein Zauberer, der seine Vorstellung genoss, hob Holmes das Laken an und darunter kam ein unscheinbares, schwarz gestrichenes Gerät aus unterschiedlichen dicken und dünnen Röhren zu Vorschein, an dessen Enden kräftige Linsen zu erkennen waren.

„Mr. Corless war so freundlich, dieses Objekt in dem Zimmer oberhalb des Speiseraums sicherzustellen, von dem aus die Vorgänge der letzten Tage gesteuert wurden. Beachten Sie bitte die schwarze Farbe, damit das Rohr ohne aufzufallen aus dem Fenster gehängt werden konnte, um durch ein Fenster in der Etage darunter die Personen im Raum zu beobachten. Tom hat das kleine Messingschild abmontiert, auf dem der Hersteller dieses kleinen Wunderwerks vermerkt war, aber ich denke, ich weiß, wer dieses Periskop gebaut hat. Leider ist durch die Länge des Rohrs die Helligkeit des Bildes sehr gering, wie Königliche Hoheiten vielleicht selbst in Augenschein nehmen wollen. Deshalb kann man nur Schemen und Schatten sehen. Das wurde dem armen Dienstmädchen gestern Morgen zum Verhängnis, das sich in dem Speiseraum zum Putzen aufhielt, nachdem sich Königliche Hoheit kurzfristig entschlossen hatte, das Frühstück im Schlafraum einzunehmen. Das junge Ding stand auf der Fensterbank, als der Affe herabkommt und sich harmlos anschleicht. Sie dreht sich um, sieht ihn, wird starr vor Schreck und verliert stumm das Gleichgewicht, wobei sie im Fallen sein Fell gestreift haben muss, denn unter ihren Fingernagel hatte sich ein Haar von ihm eingeklemmt. Natürlich konnte der Affe nicht unterscheiden, ob Sie, Königliche Hoheit, oder ein Mitglied des Personals sich in dem Raum befunden hat."

Zum Beweis holte Holmes ein zusammengefaltetes Zettelchen aus seiner Tasche, klappte es auf und zeigte den angeklebten Inhalt in der Runde. Auf den Zügen der königlichen Familie war deutlicher Abscheu zu sehen.

„Heute Morgen dann noch einmal dasselbe Spiel, dessen Zeuge Sie ja zum Teil geworden sind. Ich hatte Tom aus verschiedenen Mündern die Botschaft zukommen lassen, dass Sie, Königliche Hoheit, diesmal sicher beabsichtigten, das Frühstück im Speisesaal einzunehmen, und meine, zugegeben sehr grobe, Maskerade reichte aus, den Mörder an den Linsen des unscharfen Periskops zu täuschen. Natürlich konnte ich nicht damit rechnen, dass Tom und sein Helfershelfer durch die Decke entkommen konnten, wie dann geschehen. Aber eine höhere Macht hat schließlich ihr Urteil gesprochen."

Mr. Corless machte Anstalten, am Schluss des Vortrags Beifall zu klatschen, erhielt aber aus den Augen des Herzogs einen eisigen Blick. Es dauerte eine Weile, bis dieser die richtigen Worte fand, die dennoch seltsam kühl in meinen Ohren klangen.

„Mr. Holmes, Mr. Watson. Meine Gattin und ich sind Ihnen zu Dank verpflichtet. Sie haben das Leben meiner Gattin gerettet und unser Haus von einem Ungeheuer befreit, das unser Vertrauen missbrauchte und sich bei uns einnistete. Mr. Corless wird Ihnen morgen eine angemessene Belohnung für Ihren Aufwand zukommen lassen. Guten Abend, meine Herren."

Die Herzogin erhob sich, hakte sich bei ihrem Mann ein und beide verließen den Raum, wobei sie es vermieden, uns anzuschauen. Lord trottete lustlos hinterher. Wir waren entlassen, und Mr. Corless begleitete uns zum Hauptportal, wo er uns mit einigen Floskeln, welche die eisige Stimmung mildern sollten, herzlich verabschiedete.

Holmes und ich gingen ein letztes Mal und zu Fuß den Weg vom Schloss zur Alten Falknerei. Den angebotenen Wagen hatten wir wegen des schönen Wetters ausgeschlagen. Holmes steckte sich eine Pfeife an, ein untrügliches Zeichen, dass er nach aufwühlenden Ereignissen geistige Entspannung suchte und nicht warten konnte, bis wir an unserem Aufenthaltsort angekommen waren.

„Wissen Sie Holmes", sagte ich schließlich, „in Ihrem und meinem Beruf sollten wir Dankbarkeit nicht erwarten. Ich will Ihnen eine Geschichte erzählen. Vor Jahren habe ich einmal das Bein einer Frau gerettet, die sich durch eine harmlose Verletzung am Fuß eine schwere Infektion zugezogen hatte. Es war eine mühevolle Arbeit, die mein ganzes Geschick und viel zeitlichen Aufwand erforderte und trotz einiger Komplikationen glücklich ausging. Diese Frau treffe ich zwei Jahre später wieder, als wir um eine Straßenecke bogen und fast zusammenstießen. Ich entschuldige mich und will sie nach ihrem Befinden befragen, doch sie dreht sich um, als hätte ich sie bei einer kleinen Missetat erwischt, und geht grußlos in die andere Richtung davon. Ich denke, die Erklärung für dieses Verhalten ist, dass es Menschen hilft, wenn sie an schlimme Zeiten oder Ereignisse nicht mehr erinnert werden."

Holmes nickte in Gedanken versunken und wir legten das letzte Stück des Weges schweigend zurück.

Abschied von Burlington Hall

Wie erholsam kann doch traumloser Schlaf sein! Die vielfältigen und bedrohlichen Ereignisse der vergangenen Tage hatten sich in allerlei Maskeraden in meinen Schlaf eingeschlichen und so manches Mal schreckte ich tief in der Nacht von Albträumen verfolgt hoch und hatte noch in diesem Moment den Anlass des Traums vergessen, obwohl er in Herzrasen und Nachtschweiß noch nachwirkte. Nichts davon in dieser letzten Nacht in Falconry. Ich wachte gegen zwei Uhr auf, weil ich vergessen hatte, den Vorhang eines seitlichen Fensters zuzuziehen, und weil deshalb der tief stehende Vollmond mein Zimmer mit schimmernder Dämmerung belegte. Ich stand auf und blickte nach draußen. Wie schon zuvor lag Burlington Hall in majestätischer Ruhe auf seinem flachen Hügel und in wenigen Fenstern konnte ich einen schwachen Lichtschein entdecken. Ich spekulierte eine Weile darüber, was in den Köpfen der Bewohner vorgehen mochte, die von einem Ungeheuer befreit worden waren, und ging beruhigt wieder zu Bett.

Am nächsten Morgen konnten Holmes und ich uns mit dem Packen Zeit lassen, denn wir wollten erst gegen ein Uhr den Zug von Battenham zurück nach London nehmen. Wir verabschiedeten uns freundlich von Mrs. Robson und bedankten uns mit einem großzügigen Trinkgeld, während ihr schweigsamer, schüchterner Mann einige Schritte hinter ihr stand und seine Schirmmütze vor Verlegenheit in den Händen drehte. Pünktlich um elf Uhr fuhr die Kutsche vor und zu unserer

Überraschung sahen wir, dass Mrs. Trollope und Mr. Corless in ihr saßen, um von uns Abschied zu nehmen.

„Seine Hoheit hätte sich gerne persönlich von Ihnen verabschiedet", sagte Mr. Corless, „doch er muss heute im Auftrag seiner Mutter, also Ihrer Majestät der Königin, an zwei Veranstaltungen teilnehmen, da sich Ihre Majestät entschlossen haben, ganz kurzfristig London aufzusuchen. Ich möchte Ihnen jedoch im Auftrag Seiner Hoheit zwei Börsen überreichen, deren Inhalt Sie für Aufwendungen und Unbillen des Aufenthalts mehr als entschädigen wird."

Er übergab uns zwei lederne Börsen mit dem eingedruckten herzoglichen Wappen. Ich wollte meine zurückweisen, doch Holmes umfasste dezent meinen rechten Arm und bedankte sich mit formvollendeten Worten. Dann nahm er Mrs. Trollope und mich zur Seite, während der Sekretär Mrs. Robson Anweisungen für die nächsten erwarteten Gäste erteilte. Mrs. Trollope bestätigte, dass das unglückliche, aus dem Fenster geschupste Dienstmädchen mit seinem geringen Verdienst seine alten Eltern unterstützt habe und Holmes übergab der Hausdame seine Börse mit der Bitte, sie an die Eltern der Ermordeten weiterzugeben. Der Kutscher verstaute unser geringes Gepäck, wir nahmen auf der Rückbank der Kutsche Platz, winkten nach hinten und waren bald auf der Fahrstraße nach Burlington Hall.

Bevor wir jedoch die Allee erreichten, welche die Landstraße mit der Schlosszufahrt verband, ließ Holmes den Kutscher nach rechts abbiegen. Wir durchquerten die Wirtschaftsanlagen von Burlington Hall, in denen das alltägliche Leben seinen gewöhnlichen Gang machte und die Menschen, unbeeindruckt von den ungeheuerlichen Vorgängen in ihrer unmittelbaren

Nähe, ihren Verrichtungen und Tagesgeschäften nachgingen. Eine Gruppe Landarbeiter machte Platz und die Männer nahmen die Mützen ab, als sie das herzogliche Wappen an der Kutsche sahen, und verdreckte Kinder liefen uns tobend hinterher. Auf Holmes Geheiß hielten wir vor einem der strohgedeckten Gesindehäuser, das der ermordete Stallmeister mit seiner Familie bewohnt hatte.

„Sie wissen, was Sie zu tun haben", sagte Holmes und ich stieg aus der Kutsche, klopfte an der Haustür und trat ein. Ein beißender Rauch umfing mich, denn im Kamin glimmte Torf, den man anstelle des teuren Holzes zum Heizen und Kochen nahm. Mary saß mit aufgelöstem Haar an einem wackeligen Tisch, auf dem eine irdene Schüssel mit undefinierbarem Inhalt stand. Ihre drei größeren halbnackten Kinder löffelten mit ihr gemeinsam aus der Schale und der einzige Löffel ging in der Runde. Das Bild der Armut zog mir das Herz zusammen. Meinen Worten, welche die Übergabe meiner Börse begleiteten, lauschte sie fassungslos und ihren Versuch, mir beim Abschied die Hände zu küssen, wehrte ich sanft, aber eindeutig ab.

Wir sahen schon von weitem eine große Menschenmenge, welche den kleinen Bahnhof von Battenham umstellte. Zahlreiche Polizisten hinderten die Menschen daran, das Gelände um die Gleise zu betreten. Nach einer kurzen Befragung wurde unsere Kutsche, an der an mehreren Stellen das herzogliche Emblem prangte, durchgelassen und wir konnten bequem auf dem sonst leeren Bahnsteig aussteigen.

Von seiner Bedeutung überzeugt, kam uns der Bahnhofsvorsteher in tadelloser Uniform und mit stolzer Brust entgegen.

Auf unsere Frage, was an diesem so beschaulichen Ort heute vorgehe, zeigte er auf ein Nebengleis und flüsterte: „Sie ist da", als sei die Nennung des kompletten Namens ein Sakrileg.

Wir blickten in die angegebene Richtung und sahen zu, wie eine riesige fauchende Dampflok an zwei Salonwagen, deren Fenster verhangen waren, angekoppelt wurde. Aus den Dampfschwaden löste sich eine schlanke Gestalt in schwarzem Anzug, kam auf uns zu und stellte sich vor. Der Name war mir unbekannt, doch der Mann gab sich als einer der Privatsekretäre der Königin aus und bat uns, ihn in den vorderen Wagen zu begleiten. Wir bestiegen den Wagen über eine fahrbare Treppe, die man herangerollt hatte, und gelangten in ein kleines Abteil, in dem zwei Diener links und rechts auf zwei Bänken saßen. Der jüngere sprang auf und meldete uns an. Wir betraten wohl schneller als erwartet das Coupe der Königin und ich konnte gerade noch die Silhouette eines Mannes erkennen, der den Raum durch die hintere Tür verließ und bei dem es sich, wenn mich nicht alles täuscht, um den Premierminister gehandelt haben dürfte.

Das Prunkabteil der Königin nahm fast den gesamten Wagen ein, war mit kostbaren Teppichen und Stoffen ausgekleidet und einige in Kübel gesetzte, exotische Pflanzen mit einer Überfülle an Blüten aus dem Weltreich ihrer Majestät standen an den Wänden. Innen war es unmäßig warm und die Scheiben waren von der hohen Luftfeuchtigkeit beschlagen und zum Teil verhängt, sodass innen ein mildes Dämmerlicht herrschte. Die Königin saß erhöht auf einem thronartigen, mit brokatenen Decken verhüllten Podest, zu ihren Füßen eine junge Vorleserin, die herausgeschickt wurde, als sie unser ansichtig wurde. Sie war in ein kostbares glockenartiges seidenes Kleid gehüllt, das von einer Krinoline in Form gehalten wurde, und sie trug einen Schleier, der mit einem kleinen Kronenmodell an ihrem Haar befestigt war. Ich wunderte mich, mit welcher gleichmütigen Haltung sie bei ihrem fortgeschrittenen Alter den schweren und starren Aufzug ertrug.

„Ein Geschenk meines Schwiegersohns", sagte sie, als sie meine bewundernden Blicke sah, die einem massigen dampfenden Samowar hinter ihr galten, „ein schönes Beispiel für das Reich, aus dem er stammt, nämlich riesig und völlig unhandlich für die wenigen Tassen Tee, die ich am Tag benötige. Nun, treten Sie näher, meine Herren."

Wir folgten der Aufforderung und erst jetzt erkannte ich Sanjay, ihren taubstummen Diener, der seitlich hinter ihr saß und mit seiner unbewegten Miene und regungslosen Haltung den Eindruck der Unsichtbarkeit zu erzeugen trachtete.

„Sie haben, meine Herren, und ich denke, ich sage da nicht zu viel, unserem Land, meinem Haus und nicht zuletzt mir als Mutter einen unschätzbaren Dienst erwiesen, als Sie dieses Ungeheuer, das sich wie ein böser Geist festgesetzt hatte, aus Burlington Hall vertrieben haben. Wir haben uns daher entschlossen, Ihnen als Ausdruck unserer tiefen Dankbarkeit eine Anerkennungsmedaille zu überreichen, die Sie an unsere Person erinnern soll. Sanjay, bitte."

Sie streckte ihre rechte Hand aus und wie auf ein Kommando hin erhob sich ihr Vertrauter, nahm von einem Tablett zwei Schatullen, öffnete sie und übergab sie uns mit einer Verbeugung. Die Kästchen enthielten eine große silberne Medaille mit dem Bild der Königin, eine Sonderprägung zu ihrem vergangenen Thronjubiläum, und auf der Rückseite stand in Lateinisch, dass der Lohn der verdienstvollen Tat die Ehre sei.

Wir bedankten uns höflich und wurden mit einem Kopfnicken entlassen. Sanjay geleitete uns zur Tür.

Auf dem Bahnsteig warteten wir, bis der königliche Hofzug abgefahren war und bis sich die Zuschauer und Gaffer zerstreut hatten. Unser eigener Zug hatte deshalb einige Verspätung und so setzten wir uns in den kleinen kargen Warteraum des Bahnhofs, der sich langsam mit Reisenden füllte. In einer Ecke stand an die Wand gelehnt eine Person, die Holmes und ich gut kannten, die ich aber an diesem Tag nicht erwartete, Lestrade von Scotland Yard. Er wirkte gelangweilt und gereizt und rauchte eine der damals neumodischen kleinen scharfen Zigaretten.

Holmes und ich wollten eine Begegnung vermeiden, aber der Inspektor sah uns und kam auf uns zu.

„Na, hat die alte Lady sie um den Finger gewickelt?", fragte er uns launig und merkte dann, dass Holmes und mir die despektierliche Nennung Ihrer Majestät nicht gefiel und wir nahezu synchron unsere Augenbrauen runzelten.

„Ich wurde hierher geschickt, um ein mysteriöses Eisenbahnunglück zu untersuchen. Eine Lok ist in einem Tunnel mit einem Reiter kollidiert und der Lokführer schwört, dass er gesehen hat, wie zwei andere Reiter ihn verfolgt und in den Tunnel gejagt haben. Sie wissen wohl nichts davon."

Holmes und ich schwiegen.

„Na, macht auch nichts. Wir haben eine unbeschädigte Tasche des Opfers gefunden, aber dann erhielt ich die Anweisung, dass auf allerhöchsten Befehl alle Beweisstücke beschlagnahmt und eingezogen wurden. Ich wurde wieder zurückbeordert."

Er schnipste eine Zigarette zu Boden und trat den noch glimmenden Rest ärgerlich mit den Füßen aus.

„Was ist übrigens aus Mike Robins, dem Gehilfen des Hufschmieds, geworden, den Sie so zügig verhaftet haben?", wollte Holmes leutselig von Lestrade wissen.

„Mussten wir wieder freilassen. Er hatte das beste Alibi, das man haben kann. Zur Tatzeit war er in Polizeigewahrsam. Er hat mit einem ihm unbekannten, sehr freigiebigen Mann sehr lange und zu viel getrunken, dann im Dorf randaliert und ist festgenommen worden."

Über Holmes Miene zog der Hauch eines Lächelns, das man nur wahrnahm, wenn man ihn lange genug kannte.

„Glücklich das Gemeinwesen, in dem die Obrigkeit einen Unschuldigen vor dem unberechtigten Zugriff anderer Institutionen schützt", meinte Holmes. Wir bestiegen unser Abteil und Lestrade mied es, sich zu uns zu setzen.

„Einige Fragen sind noch offen, Holmes", sagte ich, als der Zug losfuhr und nach kurzer Zeit den Tunnel durchquert hatte, der dem Mörder zum Verhängnis geworden war.

„Wer hat die abgetrennte Hand besorgt, wen hat die Krankenschwester nachts aus dem Zimmer der alten Kinderfrau kommen sehen und was war in dem Fläschchen mit dem Mundwasser, in dem Sie den Mörder erkannt haben wollen?"

Holmes blickte eine Weile zum Fenster hinaus und schien gedankenverloren die Frühlingslandschaft zu betrachten, als wir das letzte Tunnelportal durchfahren hatten.

„Das ist doch elementar, lieber Watson", erklärte er schließlich mit einem Ton von Langeweile in der Stimme, „völlig elementar. Unser Tom hatte einen Mitwisser und Botengänger. Ich vermute, es dürfte sich um ein Mitglied des Zirkus' gehandelt haben und er wird neben halsbrecherischen Kunststückchen mit seiner Kutsche auch für die Dressur des Affen verantwortlich gewesen sein. Er wird im Leichenschauhaus an der Themse die Hand besorgt haben. Ob dabei allerdings der Wärter ermordet wurde oder wegen seiner Trunksucht selbst in den Fluss gefallen ist, werden wir nicht erfahren. Dieser Artist dürfte uns auch am Odeon Klub mit seinem Untier damals im Nebel aufgelauert haben. Tom wird in Burlington Hall gezielt oder aus Unachtsamkeit erfahren haben, dass man plante, uns zurate zu ziehen, und er wird geplant haben, uns einige schmerzhafte Verletzungen beibringen zu lassen, die eine Fahrt unmöglich machen sollte, wobei er wegen seiner Herkunft mit unseren Namen nicht viel anzufangen wusste. Der Nebel hat uns gerettet. Dieser Zirkuskünstler dürfte auch nachts in das Zimmer des alten Kindermädchens geklettert sein, um einen Angriff des Monsteraffen mit den merkwürdigen Früchten vorzubereiten. Aber er wird gesehen haben, dass die alte Frau im Sterben lag, und ist deshalb von seinem Plan abgekommen. Er hat nur nicht bemerkt, dass er eine Frucht verloren hatte, die unters Bett gerollt war und später von der Krankenschwester gefunden wurde."

Wieder machte Holmes eine längere Pause.

„Übrigens ist mir eingefallen, dass wir schon früher auf Ihre Majestät hätten hören sollen. Sie hat in unserem ersten Gespräch erwähnt, auf welcher Seite des Halses sich das vermaledeite Muttermal bei Lord Aberton befunden hat. Sie merken Holmes, wie wichtig solche vermeintlichen Kleinigkeiten im Einzelfall sein können. Und was war Ihnen noch unklar, Watson?"

„Das Mundwasser."

„Ach ja. Ich hatte gestern schon darüber doziert, dass einem

Genie des Verbrechens und der Verstellung zwei Gefahren drohen, nämlich Pedanterie in körperlichen Äußerlichkeiten und Sorglosigkeit in Details. Die Flasche, deren Inhalt ich probierte, enthielt niemals Scotts mouthwash, sondern ein billiges Wässerchen, mit dem sich der Sohn von Lord Aberton, einer der reichsten Erben des Vereinigten Königreichs, unter keinen Umständen zufriedengegeben hätte."

„So ist also dieser junge, begabte und zutiefst unmoralische Mann seiner Hybris und einem falschen Mundwasser zum Opfer gefallen?"

„Ja, Watson, das könnte man so sagen. Vermutlich. Aber vielleicht war alles auch ganz anders."

Nachwort von Dr. James Watson

(Auf Anweisung von Dr. Watson erst achtzig Jahre nach seinem Tod zu veröffentlichen.)

Ich kann nicht behaupten, dass meine Schilderung des Rätsels der eiskalten Hand in der Öffentlichkeit auf ein größeres Interesse gestoßen wäre. Zu lange sind die Ereignisse vergangen und die meisten der Menschen, die damals mit diesem Fall mehr oder weniger eng befasst waren, dürften nicht mehr am Leben sein. Auch hat sich nach dem barbarischen Krieg das Rad der Geschichte schneller gedreht als in früheren Jahrhunderten und die Welt von damals ist untergegangen. Die Macht der Technik und Radikalisierung der Politik auf dem Kontinent lassen andere neue Gefahren am Horizont aufleuchten, welche das Denken der Menschen mehr bewegen als Geschichten aus der Vergangenheit.

Mit einiger Verzögerung wurde meine Erzählung in zwei Zeitungen recht positiv besprochen und ich denke, einer dieser Artikel dürfte der Auslöser für das kommende Ereignis gewesen sein.

Gestern saß ich im Garten des Cottages unter dem flirrenden Schatten eines wenig belaubten Obstbaumes und genoss die erstaunlich wärmenden Strahlen der Frühlingssonne. Ein Rollstuhl ist nun mein ständiger Begleiter, der mir die mühsamen Wege erspart und die Schmerzen in den Hüften mindert. Zum Glück funktioniert mein Geist noch einwandfrei und ich kann meine rechte Hand nutzen, um meine Gedanken und Erlebnisse aufzuschreiben, wenn sie mir erwähnenswert scheinen.

Am frühen Nachmittag hörte ich das Geräusch eines Automotors. Diese Fahrzeuge erzeugen in unserem beschaulichen Dorf längst nicht mehr das Aufsehen wie früher. Der Wagen hielt vor dem Cottage, ich hörte eine Klingel schellen und nach einer Weile kam das Dienstmädchen, das die Nichte meiner verstorbenen Frau eingestellt hat, um ihr bei groben Tätigkeiten zur Hand zu gehen, und meldete, dass ein Herr mich zu sprechen wünschte. In der Regel lehne ich derartige Ansinnen mit dem klaren Hinweis auf meinen schlechten Gesundheitszustand ab, aber irgendetwas im Blick des Mädchens sagte mir, dass es besser war, den Gast herbeizubitten.

Ein groß gewachsener Mann in mittleren Jahren erschien, vorzüglich gekleidet, wobei mir der Wintermantel und die gefütterten Handschuhe angesichts des Sommerwetters etwas übertrieben erschienen. Haltung und Miene deuteten einen gewissen dünkelhaften Hochmut an, aber bei genauerem Hinsehen erkannte ich, dass in den tiefen Furchen des Gesichts die Zeichen schwerer Krankheit eingegraben waren.

Ich bat den Gast, Platz zu nehmen und entschuldigte mich, dass ich ihm als Sitz nur eine Holzbank an einem wackeligen Eisentischchen anbieten konnte. Ein Getränk lehnte er mit den Worten ab, nicht lange bleiben zu wollen.

„Ich habe lange gezögert, Dr. Watson", begann er endlich, „ob ich die Reise zu Ihnen überhaupt antreten soll. Sie kennen mich nicht und verzeihen Sie bitte, wenn ich mich bei meiner Ankunft nicht vorgestellt habe. Aber aus bestimmten Gründen möchte ich mein inkognito bei Ihrem Dienstpersonal wahren. Wenn Sie sich jedoch mein Gesicht etwas fülliger und von einem Bart umrahmt vorstellen, kommen Sie gewiss darauf, wer mein Vater war, der vor zwei Jahren hochbetagt gestorben ist."

Ich schaute mir den Besucher näher an und versuchte mit Erfolg, sein Gesicht in der angegebenen Weise zu ergänzen. Es musste sich um einen der beiden Söhne des Herzogs von Coventry handeln.

„Der Grund meines Besuchs ist Ihre letzte Erzählung, in der Sie am Ende andeuten, dass Ihr verehrter Freund Sherlock Holmes Zweifel am Ablauf der Geschehnisse in Burlington Hall äußerte. Ich habe, wie soll ich sagen, Sorge, dass Ihnen Erkenntnisse zur Verfügung stehen, welche meine Familie aus verständlichen Gründen eher geheim halten möchte, um das Andenken unserer teuren Verstorbenen nicht zu beschmutzen, und die Sie eventuell über die gierige Presse an die Öffentlichkeit bringen könnten. Ich möchte Ihnen daher ein Angebot machen. Sie erhalten von mir zwei Informationen, welche die Bedenken Ihres Freundes als begründet erscheinen lassen, und verpflichten sich im Gegenzug, diese erst in achtzig Jahren zur Publikation freizugeben."

Ich zögerte eine Weile, weil ich verärgert war, dass man mir unterstellte, den schleppenden Absatz meiner Erzählung durch nachgelieferte Sensationsmeldungen zu erhöhen. Schließlich stimmte ich zu und gab mein Ehrenwort zu der Vereinbarung.

„Ich bin", fuhr der Sohn der Herzogs von Coventry fort, „erst vor einigen Monaten nach England zurückgekehrt, um mich in der Heimat behandeln zu lassen, weil ich ausländischen Ärzten nicht traue. Seit dieser Zeit beschäftige ich mich damit, den privaten Nachlass meines Vaters zu sichten, der einige große Umzugskisten umfasst. Burlington Hall, müssen Sie wissen, ist verwaist und weitgehend unbewohnt, und nur einige wenige Dienstboten sorgen dafür, dass dort geheizt wird und nicht alles verfällt. Ich habe das Ausräumen und Verpacken der persönlichen Papiere meines Vaters selbst überwacht und dabei ist mir dieser kleine Zettel in die Hand gefallen, der so unscheinbar ist, dass ich ihn zunächst vernichten wollte."

Mein Besucher zeigte mir den Zettel, der mich sehr an ein ärztliches Rezept erinnerte und Mischungsangaben für eine Tinktur mit lateinischen Fachausdrücken enthielt.

„Was mich stutzig machte, war die Tatsache, dass der lächerlich geringe Rechnungsbetrag offensichtlich in bar bezahlt wurde, während mein Vater sonst nie über Bargeld verfügte, sondern alles über seinen Privatsekretär abrechnen ließ, der sämtliche Belege mit einem Stempel versah. Ich konnte mit den chemischen Namen nichts anfangen und habe versucht, die Apotheke in London aufzusuchen, wo die Tinktur hergestellt wurde. Aber sie existiert nicht mehr, doch ein Freund von meiner alten Universität hat mir geholfen. Es handelt sich um eine Flüssigkeit, mit der sich braune Verfärbungen in der Haut herstellen lassen, die einige Zeit bleiben, ohne abzulassen. Das Datum auf dem Zettel zeigt an, dass dieses Mittel kurz bevor der vermeintliche Halbbruder meiner Mutter in Burlington Hall ankam, hergestellt wurde, da die Wirkung, wie ich mir habe sagen lassen, schnell nachlässt, weil die Inhaltsstoffe so empfindlich sind."

Wir schwiegen eine Weile, weil das Geläut der Kirchenglocken ein Gespräch unmöglich machte.

„Das würde eventuell bedeuten, dass Ihr Vater in irgendeiner Weise persönlich in die unglaublichen Vorgänge in Burlington Hall verstrickt war."

„Ja. Leider kann ich Mr. Corless nicht mehr befragen, der bedauerlicherweise vor wenigen Wochen verstorben ist und der in alle noch so intimen Details Einblick hatte. Doch ich vermute, seine absolute Loyalität unserem Hause gegenüber hätte ihn davon abgehalten, mir etwas zu erzählen. Ich denke, meine folgende Vermutung dürfte der Wahrheit am nächsten kommen. Sie müssen wissen, Dr. Watson, dass die Ehe meiner Eltern schon sehr früh einen unglücklichen Verlauf nahm. Zu meinen frühsten Kindheitserinnerungen gehört folgendes Erlebnis. Ich musste schon sehr früh allein in meinem Kinderzimmer auf dem oberen Flur von Burlington Hall schlafen, während meine Gouvernante ihren Schlafplatz in einem Nebenraum hatte. Eines Nachts war ich krank, bin aufgewacht und habe nach ihr gerufen. Sie kam aber nicht, weil sie häufig um diese Zeit mit anderen Dienstboten in der Küche saß und schwatzte. Deshalb bin ich aufgestanden, weil ich Angst hatte, allein zu bleiben und wollte nach unten gehen. Auf dem langen Gang in der mittleren Etage des Schlosses sah ich plötzlich meine Mutter. Sie war in einem schrecklichen Zustand und sah aus wie eine Wassernixe. Ihr Kleid war durchnässt und sie hinterließ Pfützen auf dem Boden. In ihrem Haar hatten sich Schlingpflanzen verfangen, sie hustete unablässig und fasste sich an den Hals. Ich konnte mich verbergen und sie verschwand in ihren Räumen, ohne mich gesehen zu haben. Am nächsten Tag trug sie einen wollenen Schal um den Hals, weil sie erkältet sei, wie sie sagte. Als das Halstuch beim Frühstück etwas herabrutschte, sah ich rote Flecken um den Kehlkopf. Heute denke ich, dass es Würgemale waren. Über das, was vorgefallen sein musste, wurde im Haus nie geredet und dennoch habe ich schon früh einiges erfahren. Ein Kind, das wie ich in einer Familie voller Widersprüche und Aversionen aufwächst, umgeben von Dienstboten jeder geistigen und moralischen Prägung, entwickelt sehr schnell besondere Fähigkeiten wie eine feine Hellhörigkeit allen menschlichen Beziehungen gegenüber. Ich bemühte mich, nicht zuletzt durch Schmeicheleien und Geldgeschenke das Zutrauen des Kutschers meines Vaters zu gewinnen und dieser Mann hat mir von dem Vorfall berichtet. Mein Vater und meine Mutter waren abends auf dem Heimweg von einem Besuch bei meiner Großmutter und gerieten wegen einer Nichtigkeit in Streit. Meine Mutter ließ anhalten, um zu Fuß nach Burlington Hall zurückzukehren, doch mein Vater stieg aus, um sie wieder in die Kutsche zu zerren. Es kam zu weiteren Handgreiflichkeiten, mein Vater stieß meine Mutter in den Wassergraben neben der Fahrstraße und hätte sie ertränkt, wäre nicht der Kutscher eingeschritten."

„Sie denken also, Ihr Vater habe dann später versucht, Ihre Mutter mithilfe dieses neuseeländischen Verbrechers zu beseitigen, dem als Lohn das halbe Erbe von Lord Aberton zugefallen wäre", spann ich einen Gedanken weiter, der unausgesprochen im Raum, stand. Mein Besucher nickte nachdenklich.

„Doch dann wird ihn der Mut verlassen haben. Wissen Sie, Dr. Watson, trotz seines imponierenden Auftretens und seiner raumfüllenden Gestalt war mein Vater eine, wie soll ich sagen, schwache Persönlichkeit und hat sich dem Einfluss seiner Mutter nie wiedersetzen können, deren letztes, verhätscheltes Kind er war. Als er merkte, welchen Ungeist er sich ins Haus geholt hatte und vielleicht sogar um sein eigenes Leben fürchtete, ist er zu meiner Großmutter gefahren und hat ihr alles gestanden. Sie dürfte auf die Idee gekommen sein, Mr. Holmes und Sie zu engagieren, da sie eine große Verehrerin Ihrer Abenteuer war.

Sie merken, Dr. Watson, dass viele meiner Ausführungen reine Spekulation sind, doch ich könnte an die Akten und Beweisstücke gelangen, die damals auf höchstes Geheiß unter Verschluss genommen wurden. Was soll ich Ihrer Meinung nach tun?"

„Lassen Sie die Toten in Frieden ruhen, Hoheit."

Weitere
Bücher von Uwe Niemann

Im Jahr der Großen Mutter
Zukunftsroman

Familie Haverkamp
Eine Familienchronik
als Romanfantasie

edition**blaes**
www.editionblaes.de

www.ingramcontent.com/pod-product-compliance
Lightning Source LLC
Chambersburg PA
CBHW060151050426
42446CB00013B/2771